DES

EXTRACTIONS DE MATÉRIAUX

ET DES

OCCUPATIONS TEMPORAIRES

DROIT ADMINISTRATIF

Bibliothèque de l'Entreprise de Travaux Publics

PUBLIÉE PAR

L'Outillage de l'Entreprise et de l'Industrie.

A. POPINEAU & CIE

PARIS — 1 bis, Rue Cadet, 1 bis — PARIS

DES

EXTRACTIONS DE MATÉRIAUX

ET DES

OCCUPATIONS TEMPORAIRES

PAR

ALFRED DOUSSAUD

AVOCAT

Ancien Commissaire du Gouvernement près le Conseil de Préfecture de la Corrèze,

Ancien Chef de Contentieux

de diverses Compagnies de Chemins de fer et Sociétés financières

« A chacun le sien »

PARIS

IMPRIMERIE ET LIBRAIRIE GÉNÉRALE DE JURISPRUDENCE

MARCHAL & BILLARD

IMPRIMEURS-ÉDITEURS

Libraires de la Cour de Cassation

27, PLACE DAUPHINE, 27

1892

DU MÊME AUTEUR :

Les Entrepreneurs des forts construits de 1874 à 1878.

Des Expertises en matière de Travaux publics.

Des Marchés à forfait.

De la Régie.

Nécessité du Référé en droit administratif.

Des Imprévisions dans les Entreprises des Travaux publics (1886.)

Critique de la loi de 1867 sur les Sociétés.

Commentaire de la loi du 22 juillet 1889 sur la procédure à suivre devant les conseils de préfecture (1891).

EN PRÉPARATION :

L'Entreprise de travaux publics :

I. Travaux communaux *(Sous presse)*.
II Travaux départementaux.
III Travaux de l'État : — Génie civil.
IV Génie militaire — Génie maritime — Artillerie.

Bibliothèque de l'Entreprise de Travaux publics : (publiée par *l'Outillage de l'Entreprise et de l'Industrie*, A. Popineau et Cie, 1 bis, rue Cadet, à Paris.)

De la compétence en matière de dommages causés aux personnes par l'exécution des travaux publics.

Règles des réceptions provisoires et définitives.

Les Ordres de service et les Réserves.

Des causes de résiliation des marchés d'entreprises.

Les changements de carrières et leurs effets.

Suppression, distraction, retrait, augmentation et diminution dans la masse des travaux et de certaines natures d'ouvrages.

DU MÊME AUTEUR :

Les Entrepreneurs des forts construits de 1874 à 1878.

Des Expertises en matière de Travaux publics.

Des Marchés à forfait.

De la Régie.

Nécessité du Référé en droit administratif.

Des Imprévisions dans les Entreprises des Travaux publics (1886.)

Critique de la loi de 1867 sur les Sociétés.

Commentaire de la loi du 22 juillet 1889 sur la procédure à suivre devant les conseils de préfecture (1891).

EN PRÉPARATION :

L'Entreprise de travaux publics :

I Travaux communaux *(Sous presse).*

II Travaux départementaux.

III Travaux de l'Etat : — Génie civil.

IV Génie militaire — Génie maritime — Artillerie.

Bibliothéque de l'Entreprise de Travaux publics : (publiée par *l'Outillage de l'Entreprise et de l'Industrie*, A. Popinean et Cie, 1 bis, rue Cadet, à Paris.)

De la compétence en matière de dommages causés aux personnes par l'exécution des travaux publics.

Règles des réceptions provisoires et définitives.

Les Ordres de service et les Réserves.

Des causes de résiliation des marchés d'entreprises.

Les changements de carrières et leurs effets.

Suppression, distraction, retrait, augmentation et diminution dans la masse des travaux et de certaines natures d'ouvrages.

DROIT ADMINISTRATIF

Bibliothèque de l'Entreprise de Travaux Publics

PUBLIÉE PAR

L'Outillage de l'Entreprise et de l'Industrie.

A. POPINEAU & Cie

PARIS — 1 bis, Rue Cadet, bis — PARIS

DES EXTRACTIONS DE MATÉRIAUX ET DES OCCUPATIONS TEMPORAIRES

PAR

ALFRED DOUSSAUD

AVOCAT

Ancien Commissaire du Gouvernement près le Conseil de Préfecture de la Corrèze,
Ancien Chef de Contentieux
de diverses Compagnies de Chemins de fer et Sociétés financières

« A chacun le sien »

PARIS

IMPRIMERIE ET LIBRAIRIE GÉNÉRALE DE JURISPRUDENCE

MARCHAL & BILLARD

IMPRIMEURS-ÉDITEURS

Libraires de la Cour de Cassation

27, PLACE DAUPHINE, 27

1892

AVANT-PROPOS

Les marchés d'entreprises de travaux publics, régis par des clauses rigoureuses rédigées par les administrations qui les ordonnent et les dirigent, sont placés par cela même sous un régime d'exception, tout-à-fait en dehors du droit commun.

Les principes d'équité et de logique appliqués aux litiges ordinaires se trouvent remplacés, en ces matières, par la loi faite, et surtout interprétée par les ingénieurs et les directeurs des travaux.

Et ce n'est pas le convenu seulement, mais principalement, sinon toujours, l'intérêt de l'administration qui domine et dirige le débat.

Les exemples à l'appui sont faciles à citer, tant leur nombre est grand.

— Ainsi dans la Régie, c'est toujours l'administration qui est juge et partie, si bien qu'après avoir consenti le contrat, elle l'arrête pour des raisons

qu'elle seule apprécie, remplace l'entrepreneur, sans qu'il ait d'autre droit que de protester platoniquement, continue, résilie ou met de nouveau en adjudication le marché sans autre règle que son bon plaisir.

— Pendant l'exécution, l'ingénieur, ou l'architecte, modifie à son gré le projet primitif; et si l'entrepreneur fait des réserves pour les suites dommageables de ces changements, on ne lui en donne acte que bien rarement ou en répondant par un ordre de service : qu'il n'a rien à réclamer.

— Il fait exécuter des travaux nouveaux, ou dans des conditions autres que celles prévues, sans même donner des ordres écrits, pouvant servir de base à de justes réclamations. Si l'entreprise proteste, elle devient immédiatement une ennemie et est traitée comme telle.

— L'entrepreneur est tenu, à peine d'amende quelquefois, et de dommages et intérêts toujours, de terminer les ouvrages aux époques fixées ; mais l'administration peut ne pas payer les à-comptes stipulés aux dates indiquées, et il n'est pas permis de lui réclamer même les intérêts des sommes en retard.

— *Les ingénieurs peuvent désigner des carrières d'une manière tellement vague qu'en réalité aucune désignation n'est faite, et l'entrepreneur est forcé de faire les découvertes nombreuses, souvent infructueuses, toujours dispendieuses, à ses frais. S'il livre mieux, mais d'une autre provenance que les prévisions, quelles que soient ses dépenses, il n'a rien à réclamer si c'est lui qui a proposé le changement de carrière.*

— *L'entrepreneur ne peut résilier son marché que dans des cas spécialement prévus; l'administration peut le faire quand il lui plaît, moyennant indemnité; mais avec l'arsenal de moyens dont elle dispose, elle peut toujours arriver à ce résultat, sans bourse délier.*

— *L'entrepreneur ne doit occuper les terrains des particuliers ou en extraire des matériaux qu'après l'accomplissement de formalités méticuleuses, dont l'inobservation le rend passible des tribunaux correctionnels; l'administration irresponsable au contraire, ne paie au propriétaire les matériaux extraits de sa propriété, que s'ils proviennent d'une carrière en exploitation.*

Aucun législateur n'oserait assurément consacrer

par une loi les dispositions léonines contenues dans les cahiers de charges et les clauses et conditions générales, non seulement imposées, mais appliquées journellement aux entrepreneurs.

Aussi, attend-on encore avec une vive anxiété le code administratif devant mettre fin à ces abus en plaçant les deux coutractants sur un même pied d'égalité de droits et de devoirs.

Actuellement, il résulte de cet état de choses des difficultés originales dont la nature particulière nécessite un examen et des études spéciales.

C'est dans le but de vulgariser les connaissanses indispensables en ces matières délicates que nous nous proposons de publier une série de monographies relatives aux travaux publics sur :

Les réceptions provisoires et définitives;

Les causes de résiliation du marché d'entreprise;

Les ordres de services et les réserves;

Les changements de carrière;

La régie;

Les augmentations, diminutions, suppressions et distractions de travaux, compris dans le marché, etc. etc.

Dont les Extractions de matériaux et les Occupations temporaires *ne sont que le premier volume.*

Convaincu de répondre à un besoin général et de viser un but utile, nous espérons qu'un bon accueil sera fait à ces nouvelles publications par le monde de l'entreprise, auquel elles s'adressent principalement.

GÉNÉRALITÉS

L'administration (État, Départements, Communes, etc.) a besoin pour l'exécution des travaux publics, soit par elle-même avec ses agents, soit par ses concessionnaires, entrepreneurs et fournisseurs, d'extraire les matériaux qui lui sont nécessaires et d'occuper temporairement des terrains dans les propriétés particulières, pour y établir les chantiers, y faire des dépôts ou y pratiquer des chemins et passages.

De là :

Les extractions de matériaux,

Et les occupations temporaires,

Imposées par les lois aux domaines privés.

LIVRE I

DES EXTRACTIONS DE MATÉRIAUX POUR LES TRAVAUX PUBLICS

CHAPITRE PREMIER

Origine — Historique — Législation

Les premiers constructeurs de voies de communications, routes et chemins, ont eu besoin pour leurs constructions des matières premières indispensables telles que: pierres, sable, etc., terre et tout naturellement ils les ont prises dans les lieux les plus commodes et les plus rapprochés de leurs ouvrages, c'est-à-dire dans les terrains traversés ou voisins.

On peut donc dire que le droit d'extraction est aussi vieux que les chemins et qu'il a existé à toutes les époques.

Mais c'est surtout dans la deuxième moitié du seizième siècle, moment où ont été faits les travaux de grande voirie en France, qu'il a commencé à être régularisé et en quelque sorte rendu légal par la monarchie.

Ainsi, à la date du 15 février 1566, le roi Henri II rendit une ordonnance — aujourd'hui introuvable et que nous avons vainement cherchée dans le recueil d'Isambard et la bibliothèque du conseil d'Etat — autorisant l'entrepreneur du prolongement de la route d'Orléans d'Arthenay à Thoury, de prendre les matériaux nécessaires, pierres, grès, sable, dans les fonds des particuliers, gens d'église, nobles ou roturiers et d'y faire des fouilles pour l'exhaussement de la chaussée.

Deux arrêts du conseil du roi du 3 octobre 1667 et 3 décembre 1672 consacrèrent plus tard le droit d'extraction au profit des entrepreneurs du pavé de Paris et des grands chemins.

Enfin les 3 arrêts ci-après le règlementèrent définitivement.

Arrêt du conseil

qui permet aux entrepreneurs de Paris et des ponts-et-chaussées de prendre de la pierre, grès, sable, etc., dans tous les lieux non fermés où ils les trouveront, en indemnisant le propriétaire.

Marly, 22 juin 1706.

« Le roi s'étant fait représenter les arrêts rendus en » son conseil les 3 octobre 1667 et 3 décembre 1672, par » lesquels Sa Majesté a permis aux entrepreneurs du » pavé de Paris et des grands chemins, de prendre des » matériaux aux endroits les plus proches des lieux où » ils travaillent en payant le délit qu'ils pourraient faire, » et Sa Majesté ayant été informée des difficultés qui » sont continuellement faites, tant aux dits entrepreneurs, » qu'aux adjudicataires des ouvrages ordonnés être faits » aux ponts, chaussées et chemins, par le refus que les » propriétaires voisins desdits ouvrages leur font contre » la disposition formelle desdits arrêts, de leur laisser » prendre de la pierre, grès, sable, dans les endroits de » leurs héritages où il s'en trouve, sous différents pré- » textes également contraires au bien et à l'utilité publique, » quoique l'enlèvement des pierres et roches qui y sont, » leur soit avantageux pour la facilité de la culture de » leurs terres, et que les entrepreneurs offrent de les » dédommager de la fouille qu'ils y feront, comme aussi » des dégâts qui auront pu être faits aux choses dont leurs

» terres se seront trouvées chargées, pour parvenir à l'enlè-
» vement desdits matériaux, et à la fouille qu'ils auront été
» obligés d'y faire et d'autant que lesdits propriétaires
» ne font ces difficultés que pour fatiguer lesdits entre-
» preneurs, et par ce moyen obtenir d'eux un dédomma-
» gement plus considérable, ce qui est non seulement
» contraire au bien du service en retardant les ouvrages,
» mais encore aux intérêts de Sa Majesté en faisant aug-
» menter le prix des ouvrages et aux réparations qu'elle
» ordonne être faites aux chemins pour la facilité du
» commerce, la commodité et l'avantage de ses sujets, à
» quoi étant nécessaire de pourvoir ; Oüi, le rapport du
» sieur Chamillard, conseiller ordinaire du conseil royal,
» contrôleur général des finances; Sa Majesté en son con-
» seil a ordonné et ordonne que: lesdits arrêts du conseil
» des 3 octobre 1667 et 3 décembre 1672 seront exécutés
» selon leur forme et teneur; ce faisant a permis et per-
» met tant aux entrepreneurs du pavé de la ville, fau-
» bourgs et banlieue de Paris qu'à ceux qui sont chargés
» des entretiens des grands chemins et des adjudications
» des ouvrages ordonnés être faits aux ponts, chaussées
» et chemins dans l'étendue du royaume, de prendre de
» la pierre, grès, pavé et sable pour employer à leurs ou-
» vrages, pour l'exécution de leurs baux en quelque lieu
» qu'ils les puissent rencontrer, lesquels ne sont point
» fermés et de quelque qualité que puissent être lesdits
» matériaux, soit pierres, grès, pavé, sable ou autres, en
» dédommageant lesdits propriétaires sur le pied de la
» valeur du fonds des héritages dans lesquels ils auront
» pris lesdits matériaux, sur le pied de la valeur du fonds
» de l'arpent conformément audit arrêt du 3 décem-
» bre 1672, en justifiant par lesdits propriétaires de la
» valeur desdits héritages par partage, contrats d'ac-
» quisition ou autres titres valables et au défaut de
» ceux, suivant l'estimation qui en sera faite au dire
» d'experts et gens à ce connaissant, comme aussi
» aux dégâts qui auront pu être faits aux choses
» dont leurs terres se seront trouvées chargées pour

» parvenir à l'enlèvement desdits matériaux et à la » fouille que les dits entrepreneurs auront été obli- » gés d'y faire, suivant l'estimation qui en sera pareil- » lement faite par gens à ce connaissant, qui seront pris » et nommés par le sieur trésorier de France en ladite géné- » ralité de Paris et par les sieurs commissaires répartis » en les autres généralités; auxquels Sa Majesté enjoint » de tenir la main à l'exécution du présent arrêt. Fait dé- » fense auxdits propriétaires de porter aucun trouble ni » empêchement aux dits entrepreneurs dans la recherche » et transport des dites pierres, grés, pavés, sable, à peine » de tous dépens, dommages et intérêts, ni de se pourvoir » ailleurs que par devant lesdits sieurs commissaires » répartis ou ledit trésorier de France, à peine de 500 li- » vres d'amende et sera le présent arrêt, ensemble les » ordonnances qui interviendront sur ce, exécutés nonobs- » tant oppositions ou appellations quelconques dont, si » aucuns interviennent Sa Majesté s'en est réservée la » connaissance. »

Arrêt du conseil du 7 septembre 1755.

« Article premier. — Les arrêts du conseil des 5 octo- » bre 1567, 2 décembre 1672 et 22 juin 1706 seront » exécutés selon leur forme et teneur. En conséquence, » les entrepreneurs de l'entretien du pavé de Paris, ainsi » que ceux des autres ouvrages ordonnés pour les ponts, » chaussées et chemins du royaume, tracés et levées de » rivières de Loire, Cher et Allier et autres y affluant » pourront prendre la pierre, le grès, le sable et autres » matériaux pour l'exécution des ouvrages dont ils sont » adjudicataires dans tous les lieux qui leur seront indi- » qués par les devis et adjudications desdits ouvrages, » sans néanmoins qu'ils puissent les prendre dans les » lieux qui seront fermés de murs ou autre clôture équi- » valente suivant les usages du pays; Fait, Sa Majesté, » défense aux seigneurs ou propriétaires desdits lieux » non clos, de leur apporter aucun trouble ni empêche-

» ment, sous quelque prétexte que ce puisse être, à peine » de toute perte, dépens, dommages et intérêts, même » d'amende et de telle autre condamnation qu'il appar- » tiendra, selon l'urgence du cas, sauf néanmoins auxdits » seigneurs à se pourvoir contre lesdits entrepreneurs » pour leur dédommagement ainsi qu'il sera réglé » ci-après ; dans le cas où les matériaux indiqués par les » devis, ne seront pas jugés convenables ou suffisants, » les inspecteurs généraux ou ingénieurs pourront en » indiquer à prendre dans d'autres lieux ; mais lesdites » indications seront données par écrit et signées desdits » inspecteurs ou ingénieurs. Veut Sa Majesté, que les » entrepreneurs ne puissent faire aucun autre usage des » matériaux qu'ils auront extrait des terres appartenant » aux particuliers, que de les employer dans les ouvrages » dont ils sont adjudicataires, à peine de tous dommages » et intérêts envers les propriétaires, et même de punition » exemplaire.

» Art. 2. — Lesdits inspecteurs généraux et ingé- » nieurs indiqueront autant qu'ils le pourront, pour pren- » dre lesdits matériaux, les lieux où leur extraction » causera le moins de dommage ; ils s'abstiendront, autant » que faire se pourra, d'en prendre dans les bois, et dans » les cas où l'on ne pourrait s'en dispenser sans augmen- » ter considérablement le prix des ouvrages, Veut, Sa » Majesté que les entrepreneurs ne puissent mettre les » ouvriers dans les bois appartenant à Sa Majesté ou aux » gens de main-morte, même dans les lisières et aux » abords des forêts et distances prohibées par les règle- » ments, sans en avoir pris la permission des grands » maîtres des eaux-et-forêts ou des officiers des maîtrises » par eux commis qui constateront les lieux où il sera » permis auxdits entrepreneurs de faire travailler, et la » manière dont se fera l'extraction desdits matériaux, » comme aussi les chemins par lesquels ils les voitureront. » Voulant, Sa Majesté, que, dans les cas ou lesdits offi- » ciers, auraient quelques représentations à faire pour la » conservation desdits bois, ils en adressent sans retar-

» dement leur mémoire au sieur contrôleur général des » finances, pour y être statué par Sa Majesté.

» Art. 3. — Les propriétaires de terrains sur lesquels » lesdits matériaux auront été pris seront pleinement » et entièrement dédommagés de tout le préjudice qu'ils » auront pu en souffrir tant par la fouille, par l'extrac- » tion desdits matériaux que par les dégâts auxquels » l'enlèvement aurait pu donner lieu. Sera payé ledit » dédommagement auxdits propriétaires par les entre- » preneurs, suivant l'estimation qui en sera faite par » l'ingénieur qui aura fait le devis des ouvrages; et en » ce cas que lesdits propriétaires ne voulussent pas s'en » rapporter à ladite estimation, il sera ordonné un » rapport de trois nouveaux experts, nommés d'office, » dont lesdits propriétaires seront tenus d'avancer les » frais. Veut, Sa Majesté, que lesdits entrepreneurs » rejettent, en outre, à leurs frais et dépens, dans les » fouilles et ouvertures qu'ils auront faites, les terres et » décombres qui en seront provenus. »

Cet arrêt et celui du 20 mars 1780 ci-après — retrouvé en 1840 après avoir été perdu de vue — forment encore aujourd'hui la législation sur la matière.

Arrêt du conseil du roi du 20 mars 1780

« Le roi étant informé des difficultés qui s'élèvent » journellement dans la généralité de Rouen, particuliè- » rement dans l'élection du Pont-L'Evêque au sujet de » l'extraction des matériaux nécessaires la construction » et entretien tant de la nouvelle route d'Honfleur à » Lisieux, que de celle de Lisieux à Caen ; que les pro- » priétaires, en cherchant à se prévaloir de quelques » dispositions peu précises de l'article premier de l'arrêt » du conseil du 7 septembre 1755, s'opposent à ce que les » entrepreneurs aient la faculté de les prendre dans tous » les terrains indistinctement lorsqu'ils se trouvent clos, » qu'il en est résulté des contestations qui ont été portées » devant les juges ordinaires, et dans lesquelles les

» entrepreneurs ont été condamnés en des dommages-
» intérêts envers les propriétaires, d'après les disposi-
» tions de l'arrêt du 7 septembre 1755, Sa Majesté, dési-
» rant faire cesser ces difficultés, s'est fait représenter
» l'arrêt du 7 septembre 1755, et elle a jugé que la
» prohibition qu'il contient de prendre les matériaux
» nécessaires pour la confection des grandes routes,
» dans les lieux qui sont fermés de murs ou autres
» clôtures équivalentes suivant les usages du pays, ne
» doit s'entendre que des cours et jardins, vergers et
» autres possessions de ce genre, et qu'elle ne peut
» s'étendre aux terres labourables, herbages, prés, bois,
» vignes et autres terres de la même nature quoique
» closes ; que, s'il en était autrement, il y aurait impos-
» sibilité de construire et d'entretenir la nouvelle grande
» route d'Honfleur à Lisieux, ainsi que celle de Lisieux à
» Caen, l'usage, dans l'étendue du Pont-L'Évêque, étant
» d'y clore toutes les terres indistinctement de murs, de
» haies ou de fossés ; et les ouvrages pour la perfection
» des routes dont il s'agit étant, par cette raison, restés
» depuis trois ans en souffrance, le public se trouve
» privé de l'avantage de ces routes également impor-
» tantes pour le commerce et le passage des troupes ;
» Sa Majesté, voulant faire connaître ses intentions à ce
» sujet: Oüi, le rapport du sieur Moreau de Beaumont,
» conseiller d'Etat ordinaire et au conseil royal des finan-
» ces ; le Roi étant en son conseil, interprétant en tant
» que de besoin les dispositions de l'arrêt du 7 sep-
» tembre 1755, a autorisé et autorise les entrepreneurs
» de la construction et entretien de la nouvelle grande
» route d'Honfleur à Lisieux, ainsi que de celle de
» Lisieux à Caen, à prendre les pierres, grès, sables et
» cailloux nécessaires sur toutes les terres labourables,
» herbages, vignes, prés, bois et autres terrains équiva-
» lents, quoique fermés de clôtures de pierres sèches, de
» haies ou de fossés, à l'exception néanmoins des cours,
» jardins et vergers entourés de murs, le tout sur l'indi-
» cation des lieux propres à l'extraction des matériaux,

» qui sera donnée par écrit auxdits entrepreneurs et visée » par l'intendant de la généralité de Rouen, à la charge » par lesdits entrepreneurs d'acquitter les indemnités qui » seront dues aux propriétaires des terrains, conformé- » ment aux dispositions de l'article 3 de l'arrêté du » 7 septembre 1755, qui sera exécuté, selon sa forme et » teneur, en tout ce qui ne sera pas contraire au présent » arrêt. »

Les difficultés de la part des propriétaires ayant continué, la nouvelle ordonnance ci-après fit défense à toutes personnes de mettre obstacle à l'exercice du droit d'extraction.

Ordonnance du 17 juillet 1781

« Art. 14. — Défendons, à tous seigneurs, propriétaires, » leurs fermiers ou autres personnes quelconques, d'empê- » cher les entrepreneurs chargés de la construction, répa- » ration et entretien des ponts, grandes routes, chemins » royaux de prendre les pierres, grès, sables, terres et » autres matériaux nécessaires à la construction des » ouvrages dont ils sont adjudicataires dans tous les lieux, » biens clos de murs qui leur seront indiqués par les devis » et adjudications desdits ouvrages, sauf à eux à se » pourvoir par devant nous en cas de contestations sur » les indemnités qui pourraient leur être dues. Faisons » pareillement défense à tous receveurs des droits de trai- » tes, entrées et sorties, même de ceux dépendant des » services et aides, domaine et carrage, droits d'octroi, » péages, pontonnages et tous autres généralement quel- » conques, appartenant à Sa Majesté, aliénés ou concédés » soit aux villes et communautés, soit aux particuliers à » quelque titre que ce soit, d'exiger aucuns droits et sous » ce prétexte d'arrêter le transport des bois, pierres, grès, » sables, fers, outils et équipages que les susdits entre- » preneurs feront transporter pour l'exécution de leurs » ouvrages, suivant le certificat qu'ils représenteront de » leur destination, donné par l'ingénieur et visé de ceux

» de nos commissaires du pavé de Paris et des ponts-et-» chaussées, chacun dans leur département, le tout con-» formément aux anciens règlements et notamment à » l'arrêt du conseil du 7 septembre 1755. »

Les dispositions légales ci-après n'ont fait que confirmer les principes que contiennent ces ordonnances et arrêts.

Loi du 11 septembre 1790

Art. 4.— « Les demandes ou contestations sur le règle-» ment des indemnités dues aux particuliers, en raison » de terrains pris ou fouillés pour la confection des che-» mins, canaux ou autres ouvrages publics seront portées » de même, par voie de conciliation devant le directoire » du district, et pourront l'être ensuite au directoire du » département, lequel les terminera en dernier ressort, » conformément à l'estimation qui en sera faite par le » juge de paix et ses assesseurs. »

Loi du 28 septembre - 6 octobre 1791

TITRE PREMIER

SECTION VI

» Article premier. — Les agents de l'administration » ne pourront fouiller dans un champ pour y chercher des » pierres, de la terre ou du sable nécessaires à l'en-» tretien des grandes routes ou autres ouvrages publics, » qu'au préalable ils n'aient averti le propriétaire et » qu'il ne soit justement indemnisé à l'amiable ou à » dire d'expert, conformément à l'article 1er du présent » décret. »

Voici ce que porte cet article 1er :

« Le territoire de la France, dans toute son étendue, est » libre comme les personnes qui l'habitent, ainsi toute » propriété territoriale ne peut être sujette envers les » particuliers, qu'aux redevances et aux charges dont la » convention n'est pas défendue par la loi, et envers la

» nation, qu'aux contributions publiques établies par le » Corps législatif et *aux sacrifices que peut exiger le bien* » *général, sous la condition d'une juste et préalable indem-* » *nité.* »

Loi du 28 pluviose, an VIII

« Art. 4. — Le conseil de préfecture prononcera. . . . . » sur les demandes et contestations concernant les indem- » nités dues aux particuliers à raison des terrains pris » ou fouillés, pour la confection des chemins, canaux et » autres ouvrages publics. »

Code civil

« Art. 650. — Celles (les servitudes) établies pour » l'utilté publique ont pour objet, le marchepied le long » des rivières navigables ou flottables, *la construction ou* » *réparation des chemins et autres ouvrages publics ou* » *communaux.*

» Tout ce qui concerne cette espèce de servitude est » déterminée par des lois ou des règlements particuliers. »

Loi des 16-26 septembre 1807
sur le desséchement des Marais

« Art. 55. — Les terrains occupés pour prendre les » matériaux nécessaires aux routes ou aux constructions » publiques pourront être payés aux propriétaires comme » s'ils eussent été pris pour la route même.

« Il n'y aura lieu à faire entrer dans l'estimation la » valeur des matériaux à extraire, que dans les cas où » l'on s'emparerait d'une carrière déjà en exploitation; » alors lesdits matériaux seront évalués d'après leur prix » courant, distraction faite de l'existence et des besoins » de la route pour laquelle ils seraient pris, ou des cons- » tructions auxquelles on les destine.

« Art. 56. — Les experts, pour l'évaluation des indem- » nités relatives à une occupation de terrain, dans les cas

» prévus au présent titre, seront nommés, pour les objets » de travaux de grande voirie, l'un par le propriétaire, » l'autre par le préfet; et le tiers expert, s'il en est besoin, » sera de droit l'ingénieur en chef du département; lors- » qu'il y aura des concessionnaires, un expert sera nommé » par le propriétaire, ou par le concessionnaire, et le » tiers expert par le préfet.

» Quant aux travaux des villes, un expert sera nommé » par le propriétaire, ou par le maire de la ville, ou de » l'arrondissement pour Paris, et le tiers expert par le préfet.

» Art. 57. — Le contrôleur et le directeur des contri- » butions donneront leur avis sur le procès-verbal d'ex- » pertise qui sera soumis, par le préfet, à la délibération » du conseil de préfecture; le préfet pourra, dans tous » les cas faire faire une nouvelle expertise. »

ORDONNANCE DU ROI, DU 1er AOUT 1827 *pour l'exécution du code Forestier.*

« Art. 170. — Lorsque les extractions de matériaux » auront pour objet des travaux publics, les ingénieurs » des ponts-et-chaussées, avant de dresser le cahier des » charges des travaux, désigneront à l'agent forestier » supérieur de l'arrondissement, les lieux où ces extrac- » tions devront être faites. Les agents forestiers, de » concert avec les ingénieurs ou conducteurs des ponts- » et-chaussées, procèderont à la reconnaissance des lieux, » détermineront les limites du terrain où l'extraction » pourra être effectuée, le nombre, l'espèce et les di- » mensions des arbres dont elle pourra nécessiter » l'abattage, et désigneront le chemin à suivre pour les » transports des matériaux. En cas de contestation sur » ces divers objets, il sera statué par le préfet (F. 145).

» Art. 171. — Les diverses clauses et conditions qui » devront, en conséquence des dispositions de l'article » précédent, être imposées aux entrepreneurs, tant pour le » mode d'extraction, que pour le rétablissement des lieux, » en bon état, seront rédigées par les agents forestiers

» et remises par eux au préfet, qui les fera insérer au » cahier des charges des travaux. (F. 144).

« Art. 172. — L'évaluation des indemnités dues à rai- » son de l'occupation ou de la fouille des terrains, et des » dégâts causés par l'extraction, sera faite conformément » aux articles 58 et 56 de la loi du 16 septembre 1807. — » L'agent forestier supérieur de l'arrondissement remplira » les fonctions d'expert dans l'intérêt de l'Etat; et les » experts dans l'intérêt des communes ou des établisse- » ments publics seront nommés par les maires ou les » administrateurs.

» Art. 173. — Les agents forestiers et les ingénieurs et » conducteurs des ponts-et-chaussées sont expressément » chargés de veiller à ce que les entrepreneurs n'emploient » pas les matériaux provenant des extractions à d'autres » travaux que ceux pour lesquels elles auront été auto- » risées. Les agents forestiers exerceront contre les con- » trevenants toutes poursuites de droit (F. 144).

» Art. 174. — Les arbres et portions de bois qu'il serait » indispensable d'abattre pour effectuer les extractions » seront vendus comme menus marchés, sur l'autorisation » du conservateur (F. 102. S. 170).

» Art. 175. — Les réclamations qui pourront s'élever » relativement à l'exécution des travaux d'extraction et » à l'évaluation des indemnités, seront soumises aux con- » seils de préfecture, conformément à l'art. 4 de la loi » du 17 février 1800 (28 pluviôse, an VIII).

Loi du 31 mars 1831

relative à l'expropriation et à l'occupation temporaire, en cas d'urgence, des propriétés privées nécessaires aux travaux des fortifications.

« Art. 13. — L'occupation temporaire prescrite par » ordonnance royale, ne pourra avoir lieu que pour des » propriétés non bâties.

» L'indemnité annuelle représentative de la valeur

» locative de ces propriétés, et du dommage résultant du » fait de la dépossession, sera réglée à l'amiable ou par » autorité de justice, et payée par moitié, de six mois en » six mois, au propriétaire et au fermier, le cas échéant.

» Lors de la remise des terrains qui n'auront été occu» pés que temporairement, l'indemnité due pour les dé» tériorations causées par les travaux, et pour la diffé» rence entre l'état des lieux au moment de la remise et » l'état constaté par le procès-verbal descriptif, sera payé » sur règlement amiable ou judiciaire, soit au propriétaire, » soit au fermier ou exploitant, et selon leurs droits res» pectifs. .

Loi du 22 mai 1836
sur les Chemins vicinaux.

» Art. 17. — Les extractions de matériaux, les dépôts » ou enlèvements de terre, les occupations temporaires » de terrains, seront autorisés par arrêté du préfet, » lequel désignera les lieux ; cet arrêté sera notifié aux » parties intéressées au moins dix jours avant que son » exécution puisse être commencée.

» Si l'indemnité ne peut être fixée à l'amiable, elle sera » réglée par le conseil de préfecture, sur le rapport » d'experts nommés, l'un par le sous-préfet, et l'autre » par le propriétaire.

» En cas de désaccord, le tiers expert sera nommé » par le conseil de préfecture. »

Loi du 15 juillet 1845
sur la police des Chemins de fer.

« Art. 3. — Sont applicables aux propriétés rive» raines des chemins de fer les servitudes imposées par » les lois et règlements sur la grande voirie, et qui » concernent:

» L'alignement;

» L'écoulement des eaux;

» *L'occupation temporaire* des terrains en cas de
» réparations;

» La distance à observer pour les plantations et l'éla-
» gage des arbres plantés;

» Le mode d'exploitation des mines, minières, tour-
» bières, carrières et sablières, dans la zone déterminée à
» cet effet.

» Sont également applicables à la confection et à l'en-
» tretien des chemins de fer, les lois et règlements sur
» l'extraction des matériaux nécessaires aux travaux
» publics. »

Ordonnance du 8 aout 1845

qui détermine les formalités auxquelles seront soumises les extractions de matériaux ayant pour objet les travaux des chemins vicinaux, lorsque ces extractions doivent avoir lieu dans les bois régis par l'administration des forêts.

» Article premier. — Les extractions de matériaux
» ayant pour objet les travaux des chemins vicinaux,
» lorsqu'elles devront avoir lieu dans les bois régis par
» l'administration des forêts, seront soumises à l'observa-
» tion des formilités indiquées ci-après.

» Art. 2 — Les lieux d'extraction devront être dési-
» gnés, préalablement, à l'agent forestier supérieur de
» l'arrondissement. Les agents forestiers de concert avec
» les agents chargés du service vicinal, ou, à défaut de
» ceux-ci, avec le maire, procéderont à la reconnaissance
» du terrain et en détermineront les limites. Ils indique-
» ront également le nombre, l'espèce et les dimensions
» des arbres dont l'abattage sera reconnu nécessaire,
» ainsi que les chemins à suivre pour le transport des
» matériaux. En cas de contestation sur ces divers objets,
» il sera statué par le préfet.

» Art. 3. — Les clauses et conditions qui devront, en
» conséquence des dispositions de l'article précédent, être
» imposées, tant pour le mode d'extraction que pour le

» rétablissement des lieux en l'état, seront rédigées par » les agents forestiers, et remises par eux au préfet qui » les fera insérer au cahier des charges des travaux. Un » arrêté spécial règlera les conditions, lorsque les travaux » s'exécuteront par économie. Dans tous les cas, les com- » munes demeureront responsables du paiement de tous » dommages et indemnités.

» Art. 4. — L'évaluation des indemnités dues à raison » de l'occupation ou de la fouille des terrains et des » dégats causés par l'extraction, sera faite conformément » au 2e § de l'article 17 de la loi du 21 mai 1836.

» L'agent forestier supérieur de l'arrondissement rem- » plira les fonctions d'expert, dans l'intérêt de l'État.

» Art. 5. — Les agents forestiers, les agents du ser- » vice vicinal et les maires, sont expressément chargés » de veiller à ce que les matériaux provenant des extrac- » tions ne soient pas employés à des travaux autres que » ceux pour lesquels les extractions auront été autori- » sées. Les agents forestiers exerceront contre les con- » trevenants toutes poursuites de droit.

» Art. 6. — Les arbres abattus seront vendus comme » menus marchés sur l'autorisation du conservateur.

» Art. 7. — Les contestations qui pourront s'élever » relativement à l'exécution des travaux d'extraction et à » l'évaluation des indemnités seront soumises au conseil » de préfecture, conformément à l'art. 4 de la loi du 28 plu- » viose an VIII, et à l'art. 17 de la loi du 21 mai 1836.

Règlement du 21 juillet 1854

des Chemins vicinaux, envoyé aux préfets par le ministère de l'intérieur.

» Lorsque le propriétaire d'un terrain, dont l'occupation » aura été reconnue nécessaire, aura refusé soit de con- » sentir à cette occupation, soit d'acquiescer aux offres » d'indemnité qui lui auront été faites par le maire, un

» arrêté sera pris par nous pour autoriser l'occupation. — » Cet arrêté contiendra mise en demeure du propriétaire » de désigner un expert dans un délai qui ne pourra excé- » der quinze jours, àpartir de la notification de cet acte.

» L'arrêté mentionné en l'article précédent sera noti- » fié par l'intermédiaire du maire et sans frais aux par- » ties intéressées, propriétaires, locataires ou fermiers, » dix jours au moins avant l'ouverture des travaux, et » la notification sera constatée par un reçu des parties » ou par un procès-verbal de l'agent chargé de la notifi- » cation. Une copie de ce procès-verbal sera laissée au » domicile de la partie intéressée, et la minute déposée » à la mairie.

» Le délai entre la notification et l'ouverture des tra- » vaux sera augmenté d'un jour lorsqu'il y aura 3 myria- » mètres de distance entre la situation des lieux et le » domicile desdits propriétaires, locataires ou fermiers. Il » sera augmenté de deux jours lorsque là distance sera » de 6 myriamètres, et ainsi de suite.

» Immédiatement après l'extraction des matériaux ou » l'occupation temporaire des terrains, les experts nom- » més dans la forme voulue par l'art. 17 de la loi du 21 » mai 1836 procéderont contradictoirement à l'apprécia- » tion des dommages causés.

» Les experts devront préalablement à toute opération, » prêter serment devant le conseil de préfecture pour » l'arrondissement chef-lieu et devant le sous-préfet pour » les autres arrondissements.

» Si le propriétaire, locataire ou fermier avait refusé » ou négligé de nommer un expert, il nous en serait rendu » compte et nous provoquerions, près le conseil de pré- » fecture, la nomination d'office d'un expert dans l'intérêt » du propriétaire.

» Les experts rédigeront procès-verbal de l'apprécia- » tion des dommages et indiqueront le taux de l'indemnité » qui leur paraîtra être due. — S'ils ne sont pas d'accord » entre eux, il nous en sera rendu compte, et nous provo-

» querons la nomination d'un tiers expert, qui devra également prêter serment.

» Les procès-verbaux d'appréciation des dommages » nous serons transmis par l'intermédiaire du sous-préfet » de l'arrondissement, et il sera statué sur le règlement » de l'indemnité par le conseil de préfecture.

» Les frais d'expertise seront taxés par le conseil de » préfecture, sur mémoire des experts en double minute, » dont une sera écrite sur papier timbré.

» La décision du conseil de préfecture fixant l'indem- » nité due pour l'occupation temporaire du terrain ou » l'extraction des matériaux sera notifiée administrati- » vement aux parties intéressées. Cette notification sera » constatée, soit par un reçu des personnes auxquelles » elle sera faite, soit par un procès-verbal de l'agent » chargé de l'effectuer.

» Les indemnités, réglées ainsi qu'il vient d'être dit, » seront payées par les entrepreneurs des travaux lorsque » les cahiers des charges le détermineront ainsi.

» Elles le seront par les communes, lorsque les travaux » se feront sur les chemins vicinaux de petite commu- » nication, soit par des prestataires, soit par régies ou » par tâches. Elles seront acquittées sur un mandat et » sur les fonds affectés aux travaux, lorsqu'il s'agira de » chemins de grande communication.

Loi du 18 juin 1859
(Code Forestier)

» Art. 145. — Il n'est point dérogé au droit conféré à » l'administration des ponts-et-chaussées d'indiquer les » lieux où doivent être faites les extractions de matériaux » pour les travaux publics; néanmoins les entrepreneurs » seront tenus envers l'Etat, les communes et établisse- » ments publics, comme envers les particuliers de payer » toutes les indemnités de droit et d'observer toutes les » formes prescrites par les lois et règlements en cette » matière. »

Clauses et Conditions générales
imposées aux entrepreneurs des travaux des ponts-et-chaussées, du 6 novembre 1866

» Art. 19. — Les matériaux sont pris dans les lieux » indiqués au devis. L'entrepreneur y ouvre, au besoin, » des carrières à ses frais.

» Il est tenu, avant de commencer les extractions, de » prévenir les propriétaires suivant les formes déterminées » par les règlements.

» Il paie sans recours contre l'administration, en se » conformant aux lois et règlements sur la matière, tous » les dommages qu'ont pu occasionner la prise ou l'ex- » traction, le transport et le dépôt des matériaux.

» Dans le cas où le devis prescrit d'extraire des maté- » riaux dans des bois soumis au régime forestier, l'entre- » preneur doit se conformer, en outre, aux prescriptions » de l'article 145 du code forestier, ainsi que des articles » 172, 173 et 175 de l'ordonnance du 1er août 1827, con- » cernant l'exécution de ce code.

» L'entrepreneur doit justifier, toutes les fois qu'il en » est requis, de l'accomplissement des obligations énon- » cées dans le présent article, ainsi que des paiements » des indemnités pour établissement de chantiers et che- » mins de service. »

Décret du 8 juin 1868
portant règlement pour les occupations temporaires de terrains nécessaires à l'exécution des travaux publics.

Article premier. — Lorsqu'il y a lieu d'occuper tem- » porairement un terrain, soit pour y extraire des terres ou » des matériaux, soit pour tout autre objet *relatif à l'exé- » cution des travaux publics*, cette occupation est autori- » sée par un arrêté du préfet, indiquant le nom de la » commune où le terrain est situé, les numéros que les » parcelles dont ils se compose portent sur le plan cadas- » tral et le nom du propriétaire.

» Cet arrêté vise le devis qui désigne le terrain à occu- » per ou le rapport par lequel l'ingénieur en chef chargé » de la direction des travaux propose l'occupation.

» Un exemplaire du présent règlement est annexé à » l'arrêté.

» Art. 2. — Le préfet envoie ampliation de son arrêté » à l'ingénieur en chef et au maire de la commune; l'in- » génieur en chef en remet une copie certifiée à l'entre- » preneur, le maire notifie l'arrêté au propriétaire des » terrains ou à son représentant.

» Art. 3. — En cas d'arrangement entre le propriétaire » et l'entrepreneur, ce dernier est tenu de présenter aux » ingénieurs, toutes les fois qu'il en est requis, le consen- » tement du propriétaire ou le traité qu'il a fait avec lui.

» Art. 4. — A défaut de convention amiable, l'entre- » preneur, préalablement à toute occupation du terrain » désigné, fait au propriétaire ou s'il ne demeure pas dans » la commune, à son fermier, locataire ou gérant, une » notification par lettre chargée indiquant le jour où il » compte se rendre sur les lieux ou s'y faire représenter. » Il l'invite à désigner un expert pour procéder contra- » dictoirement avec celui qu'il aura choisi à la constata- » tion de l'état des lieux. En même temps, l'entrepreneur » informe par écrit le maire de la commune de la notifi- » cation faite par lui au propriétaire.

» Entre cette notification et la visite des lieux, il doit y » avoir un intervalle de dix jours au moins.

» Art. 5. — Au jour fixé, les deux experts procèdent » ensemble à leurs opérations contradictoires; ils s'attachent » à constater l'état des lieux, de manière qu'en rappro- » chant plus tard cette constatation de celle qui sera faite » après l'exécution des travaux, on ait des éléments néces- » saires pour évaluer les dépréciations du terrain et faire » l'estimation du dommage; ils font eux mêmes cette » constatation, si l'entrepreneur et le propriétaire y con- » sentent.

» Ils dressent leur procès-verbal en trois expéditions, » dont l'une est remise au propriétaire du terrain, une

» autre à l'entrepreneur et la troisième au maire de la » commune.

» Art. 6. — Si dans le délai fixé par le dernier paragraphe de l'art. 4 le propriétaire refuse ou néglige de » nommer un expert, le maire en désigne un d'office pour » opérer contradictoirement avec l'expert de l'entrepre- » neur.

» Art. 7. — Immédiatement après les constatations » prescrites par les articles précédents, l'entrepreneur » peut occuper le terrain et y commencer les travaux » autorisés par l'arrêté du préfet, tous les droits des pro- » priétaires étant réservés, en ce qui concerne le règle- » ment de l'indemnité.

» Toutefois, s'il existe sur ce terrain des arbres frui- » tiers ou de haute futaie qu'il soit nécessaire d'abattre, » l'entrepreneur est tenu de les laisser subsister jusqu'à » ce que l'estimation en ait été faite dans les formes vou- » lues par la loi.

» En cas d'opposition de la part du propriétaire, l'occu- » pation a lieu avec l'assistance du maire ou de son » délégué.

» Art. 8. — Après l'achèvement des travaux, et s'ils » doivent durer plusieurs années à la fin de chaque cam- » pagne, il est fait une nouvelle constatation de l'état » des lieux.

» A défaut d'accord entre l'entrepreneur et le proprié- » taire pour l'évaluation partielle ou totale de l'indemnité, » il est procédé conformément à l'art. 56 de la loi du » 16 septembre 1807.

» Art. 9. — Lorsque les travaux sont exécutés direc- » tement par l'administration, sans l'intermédiaire d'un » entrepreneur, il est procédé comme il a été dit ci-dessus; » mais alors la notification prescrite dans l'art. 4 est faite » par les soins de l'ingénieur, et l'expert chargé de cons- » tater l'état des lieux, contradictoirement avec celui du » propriétaire, est nommé par le préfet.

» Art. 10. — Notre ministre est chargé de l'exécu- » tion. . . . . »

CAHIER DES CLAUSES ET CONDITIONS GÉNÉRALES *imposées aux entrepreneurs des travaux des Chemins vicinaux du 6 décembre 1870.*

« Art. 19. — Les matériaux sont pris dans les lieux » indiqués au devis. L'entrepreneur y ouvre, au besoin, » des carrières à ses frais.

» Il est tenu, avant de commencer les extractions, » de justifier de l'autorisation des propriétaires s'il a » traité à l'amiable pour l'occupation des terrains, ou de » les prévenir, suivant les formes déterminées par le » règlement général des chemins vicinaux.

» Il paye, sans recours contre l'administration, et en se » conformant aux lois et règlements sur la matière, tous » les dommages qu'ont pu occasionner la prise ou » l'extraction, le transport ou le dépôt des matériaux.

» Dans le cas où le devis prescrit d'extraire des ma- » tériaux dans des bois soumis au régime forestier, » l'entrepreneur doit se conformer, en outre, aux pres- » criptions de l'article 145 du code Forestier, ainsi que » des articles 172, 173 et 175 de l'ordonnance du » 1er août 1827 concernant l'exécution de ce code.

» L'entrepreneur doit justifier toutes les fois qu'il en » est requis, de l'accomplissement des obligations énon- » cées dans le présent article, ainsi que du paiement des » indemnités pour l'établissement de chantiers et chemins » de service. »

LOI DU 20 AOUT 1881 *sur les Chemins vicinaux.*

» Art. 14. — Lorsque des extractions de matériaux, » des dépôts ou enlèvements de terres, ou des occu- » pations temporaires de terrains sont nécessaires pour » les travaux de réparation, ou d'entretien des chemins » ruraux, effectués par les communes, il est procédé à la » désignation et à la délimitation des lieux et à la fixation » de l'indemnité conformément à l'article 17 de la loi » du 21 mars 1836. »

Cahier des clauses et conditions générales *imposées aux entrepreneurs des Travaux militaires du 17 juillet 1889.*

Carrières exploitées en vertu d'autorisation administrative.

» Art. 23. — Quand l'entrepreneur extrait des maté-» riaux de terrains qu'il occupe en vertu d'un droit qui » lui a été conféré par l'administration, il est tenu, avant » de commencer les extractions, de prévenir les pro-» priétaires suivant les formes déterminées par les règle-» ments.

» Il paye, sans recours contre l'administration, et en » se conformant aux lois et règlements sur la matière, » tous les dommages qu'ont pu occasionner la prise ou » l'extraction, le transport et le dépôt des matériaux.

» Dans le cas où le cahier des charges spéciales pres-» crit d'extraire des matériaux dans des bois soumis au » régime forestier, l'entrepreneur doit se conformer, en » outre, aux prescriptions de l'article 145 du code Fores-» tier, ainsi que des articles 172, 173 et 175 de l'ordon-» nance du 1er août 1827, concernant l'exécution de ce » code.

» L'entrepreneur doit justifier toutes les fois qu'il » en est requis, de l'accomplissement des obligations » énoncées dans le présent article, ainsi que du paiement » des indemnités pour établissement de chantiers et che-» mins de service.

» *L'entrepreneur ne peut livrer au commerce, sans » l'assentiment du propriétaire, les matériaux provenant » des carrières qu'il exploite en vertu d'autorisation » administrative.* »

Loi du 22 juillet 1889

sur la Procédure à suivre devant les conseils de préfecture

« Art. 17. — Les *fonctionnaires* qui ont exprimé une » opinion dans l'affaire litigieuse, *ou qui ont pris part*

» *aux travaux qui donnent lieu à une réclamation ne*
» *peuvent être désignés comme experts.* »

« Les règles établies par le code de procédure civile
» pour la récusation des experts sont applicables dans
» le cas où ies experts sont désignés d'office par le conseil
» de préfecture.

» La récusation doit être proposée dans les huit jours
» de la notification de l'arrêté qui a désigné l'expert. Elle
» est jugée d'urgence. »

Telle est la législation sur la matière.

CHAPITRE II

Définition et caractère spécial du droit d'extractions. Sa différence avec l'expropriation.

1 — L'extraction de matériaux est le fait de l'administration, agissant par elle-même, ses concessionnaires, entreprepreneurs ou fournisseurs, et consistant à extraire des propriétés privées, après l'accomplissement des formalités édictées par la loi, les matériaux nécessaires à l'exécution des travaux publics.

2 — « L'administration,—dit de Bauve (*Dictionnaire » administratif des Travaux publics,* 1880), agissant par » elle-même ou par l'entremise de ses entrepreneurs et » fournisseurs, dûment autorisés, a le droit, après l'ac- » complissement de certaines formalités et moyennant » indemnité, d'occuper les propriétés pour en extraire » les matériaux destinés à l'exécution des travaux » publics. »

3 — « Deux arrêts du conseil, l'un du 22 juin 1706, l'au » tre du 7 septembre 1755, ayant tous deux force de loi— » enseigne Delvincourt, (*Livre des Entrepreneurs,* 1861), » autorisent les entrepreneurs à prendre les matériaux » nécessaires à l'exécution des travaux publics dont ils » sont chargés, dans tous les lieux indiqués par le devis, » ou par désignation ultérieure de l'autorité compétente. »

4 — « Lorsque l'administration — professe M. Au- » coc, *Conférences sur le Droit administratif,* tome II, » 1886 — a besoin, pour l'exécution d'un travail public,

» de se procurer des matériaux, elle peut à son gré et » suivant les circonstances, soit traiter à l'amiable avec » les exploitants des carrières, ou avec les propriétaires » des terrains dans lesquels elle croit pouvoir trouver » de bons matériaux, soit appliquer les servitudes éta- » blies à son profit sur les propriétés par une législation » spéciale. »

5 — « L'administration — déclare M. Perriquet, » *Traité des Travaux publics,* tome I, n° 1086, — a le » droit de faire dans les propriétés privées des fouilles » et extractions pour se procurer les matériaux néces- » saires à l'exécution des travaux publics. »

6 — « Le droit pour l'adminstration, — dit à son tour » M. Auger, deuxième édition du *Traité des Travaux* » *publics,* par Christophle, 1890, — de faire dans les » propriétés privées les fouilles et extractions de maté- » riaux nécessaires aux travaux publics remonte à une » époque fort ancienne. »

7 — Suivant l'heureuse expression du code civil (art. 650), *le droit d'extraction est une véritable servitude établie par la loi sur la propriété particulière, dans un but d'utilité publique.*

8 — Ce droit a pour caractère propre d'être absolument *temporaire* et de n'atteindre que l'usufruit du fond sur lequel il s'exerce, en laissant intact le droit de propriété.

C'est ce qui le différencie de l'expropriation constituant, au contraire, *une véritable aliénation définitive du fond exproprié.*

9 — Du reste, dans tous les cas d'utilité publique l'administration a le droit, en remplissant bien entendu toutes les formalités exigées en pareil cas, d'exproprier les terrains nécessaires aux fouilles et extractions de matériaux.

CHAPITRE III

Par qui peut être exercé le droit d'extraction ? — Pour quels travaux, dans quels cas, sur quels terrains et dans quelles conditions peut-il l'être ? — Son étendue.

§ Ier

PAR QUI PEUT ÊTRE EXERCÉ LE DROIT D'EXTRACTION

10 — Les concessionnaires, entrepreneurs et fournisseurs des travaux publics de l'administration (État, Département ou Commune, etc.), ont le droit d'exercer la servitude d'extraction de matériaux dans les propriétés privées.

11 — Pour les concessionnaires, aucune difficulté n'est possible, puisque mis à la place de l'administration, ils sont par suite substitués dans tous ses droits, et peuvent comme elle même, prendre les matériaux pour leurs travaux dans les propriétés les plus rapprochées, désignées ou non dans leur contrat.

12 — En ce qui concerne les entrepreneurs, leur droit a toujours été reconnu depuis les plus anciens arrêts du conseil.

13 — Seulement il faut remarquer que restreint, au début, aux seuls « entrepreneurs du pavé de Paris, ainsi » qu'à ceux des autres ouvrages ordonnés par les ponts-et-

» chaussées et chemins du royaume, ce droit appartient » aujourd'hui à tous les entrepreneurs de n'importe quels » travaux publics. »

14 — Des difficultés aussi longues que spécieuses se sont élevées pour les fournisseurs.

En effet, la question de savoir si les fournisseurs de matériaux même destinés à des travaux publics peuvent être assimilés aux entrepreneurs, et jouir du même droit qu'eux, dans les propriétés privées, a été sérieusement contestée.

Le 16 août 1843, le Conseil d'État décidait que les simples fournisseurs de pavés de Paris, ne pouvaient être assimilés à des entrepreneurs de pavage, et réformait pour excès de pouvoir un arrêté du préfet de la Nièvre autorisant les sieurs Godart, adjudicataires de la fourniture des matériaux nécessaires à l'entretien des pavés de Paris, à extraire des granits dans le bois d'un sieur Lemoyne.

15 — Vainement le ministère faisait observer: « que » le particulier qui s'oblige vis-à-vis l'administration à lui » livrer des matériaux que d'autres mettent en œuvre, » doit être réputé entrepreneur aussi bien que celui qui » emploie les matériaux qu'il a fourni lui-même, ou qui » ont été fournis par un tiers. On n'a jamais contesté la » qualité d'entrepreneurs aux adjudicataires de l'entretien » des routes entretenues par l'État ou les départements.

» Cependant ils se bornent aussi à livrer des maté- » riaux dont l'administration confie l'emploi aux can- » tonniers. »

Le Conseil d'État fut d'un avis contraire et maintint sa jurisprudence jusqu'en 1867, tout en reconnaissant comme entrepreneurs de l'entretien des routes les fournisseurs chargés de l'opération.

16 — Mais le 19 mai 1867, dans une affaire Stacklers, où il s'agissait d'un marché de fournitures de matériaux, le Conseil d'État revenant sur ses premiers errements, adopta définitivement le système de l'administration, qui est devenu un principe reconnu.

17 — Le principal considérant de l'arrêt est ainsi motivé :

» Considérant que les matières que le sieur Sylvestre » a été autorisé par le préfet de la Seine-Inférieure, à » extraire de la propriété du sieur Stacklers, située sur la » commune de Tourville, sont destinés à l'entretien de la » route nationale n° 25.

» .....Qu'ainsi, par l'arrêté attaqué, le préfet de la Seine-» Inférieure n'a fait qu'user du droit conféré à l'admi-» nistration par les lois et règlements ci-dessus visés, » et notamment par l'arrêt du 7 septembre 1755, et par » la loi des 28 septembre-6 octobre 1791, de désigner » aux entrepreneurs de travaux publics les lieux où ils » peuvent extraire des matériaux pour les ouvrages dont » ils sont adjudicataires; que dès lors, le recours pour » excès de pouvoir formé contre ledit arrêté est mal » fondé. »

18 — Et le 12 novembre 1875, un arrêt Juigné, en déclarant que le droit d'extraction appartenait aux fournisseurs du pavage de la ville de Paris consacra cette jurisprudence en ces termes :

« Sur le moyen tiré de ce que le sieur Lesueur, n'ayant » soumissionné qu'un marché de fournitures, ne serait » pas fondé à réclamer le droit d'extraction de matériaux » réservé par l'arrêt du conseil du 7 septembre 1755 » *aux seuls entrepreneurs* du pavé de Paris.

» Considérant que les pavés de grès de l'Yvette, que » le sieur Lesueur a été autorisé, par le préfet de Seine-» et-Oise, à extraire de la propriété du sieur Juigné, » sont destinés à l'entretien du pavé de Paris ; qu'ainsi » par l'arrêté attaqué, le préfet de Seine-et-Oise n'a fait » qu'user du droit conféré à l'administration par l'arrêt » du conseil du 7 septembre 1755 de désigner aux adju-» dicataires de l'entretien du pavé de Paris les lieux où » ils peuvent prendre les matériaux. »

19 — Aujourd'hui il est donc hors de contestation que la servitude légale ou le droit d'extraction de matériaux peuvent être exercés sur les terrains des particuliers par :

L'administration, état, département, commune,
Les concessionnaires (Cies de chemins de fer, etc.),
Les entrepreneurs,
Et les fournisseurs,
En matière de travaux publics.

§ II

POUR QUELS TRAVAUX, DANS QUELS CAS, SUR QUELS TERRAINS ET DANS QUELLES CONDITIONS, PEUT ÊTRE EXERCÉ LE DROIT D'EXTRACTION?

20 — Pour qu'il y ait lieu à extraction de matériaux dans une propriété privée, trois conditions sont exigées :

A. Il faut que les matériaux soient destinés à des travaux publics.

B. Que le terrain où ils doivent être pris, soit désigné dans le devis ou dans un arrêté préfectoral, ou dans une convention passée entre l'entrepreneur et le propriétaire.

C. que le fond où doit avoir lieu l'extraction ne soit pas entouré de murs ou d'une clôture équivalente, par conséquent d'un accès libre ; et enfin, que le terrain ne soit pas attenant, c'est-à-dire ne forme pas enclos avec une maison d'habitation.

Chacune de ces conditions mérite un examen spécial.

21 — A. *Les matériaux doivent servir à l'exécution de travaux publics.*

Aucun doute n'est possible. Il résulte des dispositions légales que nous avons citées, que la servitude d'extraction ne peut s'exercer qu'à l'occasion des travaux publics.

En effet, ce droit concédé uniquement en vue de l'utilité publique et pour un service public, et non dans l'intérêt personnel de l'entrepreneur, ne peut être exercé par lui qu'à la charge d'employer les matériaux aux travaux de son entreprise.

Son exercice est autorisée par l'arrêt du 7 septembre 1755, pour :

« Le pavé de Paris, ainsi que ceux des autres ouvra-
» ges ordonnés pour les ponts-et-chaussées et chemins
» du royaume, terrains et levées de rivière de Loire, Cher
» et Allier ;

par l'article Ier du titre Ier, section VI de la loi du 27 septembre 1791, pour :

» L'entretien des grandes routes ou autres ouvrages
« publics. »

Par l'article 55 de la loi du 16 septembre 1807, pour :

» Les matériaux nécessaires aux routes et aux cons-
» tructions publiques. »

Par la loi du 31 mars 1831, pour :

» Les travaux des fortifications,

par l'article 17 de la loi du 21 mai 1836,

» Pour la confection des chemins vicinaux. »

Par la loi du 15 juillet 1845,

» Pour les matériaux nécessaires aux travaux publics. »

Par le décret du 8 juin 1868,

» Pour y extraire des terres ou des matériaux, soit pour
» tout autre objet relatif à l'exécution des travaux
» publics. »

Enfin dans deux projets de loi préparés en 1883 et 1884 admettant l'application de la servitude :

« pour tous les travaux civils et militaires. »

23 — Mais l'extraction est-elle permise pour tous les travaux publics sans distinction ?

24 — Il résulte bien clairement de l'ensemble de la législation que nous avons rapportée plus haut, que le droit d'extraction de matériaux est applicable à toutes les entreprises de travaux publics, civils et militaires sans exception.

25 — Cependant M. Paul Auger — dans son *Traité*

des Travaux publics, 1890, t. II, n° 219 — n'hésite pas à dire : « Avec un certain nombre d'auteurs, et notamment » M. Aucoc, nous pensons que la servitude d'extraction » n'est point applicable aux travaux militaires, fortifica- » tions, casernes, etc.

» Nous en trouvons une preuve dans la loi du 31 mars » 1831 qui a créé une législation particulière pour les » travaux de fortifications, en cas d'urgence, et a cru de- » voir indiquer spécialement que l'occupation temporaire » serait applicable. Il est bien vrai qu'en pratique la ser- » vitude d'extraction a été assez souvent appliquée à des » travaux de fortifications ou de casernes, mais aucune » décision de jurisprudence n'a sanctionné ces empiète- » ments; nous ne connaissons aucun arrêt du conseil » d'Etat ayant tranché la question, et nous croyons que » si elle lui était soumise, *il la résoudrait par la négative.* »

26 — Nous regrettons de professer une opinion contraire, mais voici sur quoi nous nous fondons pour affirmer que le droit d'extraciion est applicable aux travaux des fortifications, des forts, des casernes etc., travaux publics, d'une utilité incontestablement publique puisqu'ils ont pour but la défense du pays et la sauvegarde de l'intégrité du territoire.

27 — D'abord, M. Aucoc est loin d'être aussi affirmatif que l'indique M. Auger. Il dit — édition de 1886, t. 2, p. 511 :

« Les auteurs de la loi du 21 mai 1836 et de la loi du » 15 juillet 1845 pensaient sans doute que les dispositions » des lois de 1791 et de 1807 ne comprenaient pas les » travaux publics de toute nature, puisqu'ils ont jugé » utile de déclarer les servitudes d'extraction de maté- » riaux et d'occupations de terrains applicables aux che- » mins de fer et aux chemins vicinaux. D'autre part, la » loi du 31 mars 1831 a créé une législation spéciale pour » l'expropriation et l'occupation temporaire en cas d'ur- » gence des terrains nécessaires aux fortifications. Ces » arguments psurraient faire douter que la législation sur

» les occupations temporaires de terrains et les extrac-
» tions de matériaux, qui résultent des arrêts du conseil
» antérieurs à 1789 et de la loi du 16 septembre 1807 soient
» applicables aux travaux militaires.

« *Mais dans la pratique elle a été appliquée* non seu-
» lement pour les travaux des fortifications, mais même
» pour ceux des casernes, *sans que la légalité de cette me-*
» *sure ait été contestée.* »

28 — On le voit, il est imprudent de supposer et surtout de dire que M. Aucoc soit réellement convaincu que la servitude d'extraction n'est pas applicable aux travaux militaires.

29 — Il est du reste difficile de soutenir cette thèse en présence de l'article 13 de la loi du 31 mars 1831 :
» L'occupation temporaire ne pourra avoir lieu que
» pour des propriétés non bâties. »

Et de l'article 1er du décret du 8 juin 1868 : « Lorsqu'il
» y a lieu d'occuper temporairement un terrain soit pour
» y extraire des terres ou des matériaux, soit pour tout
» autre dégât *relatif à l'exécution des travaux publics...* »

30 — Sans doute, ce dernier décret vise les travaux des ponts-et-chaussées, mais il n'en est pas moins devenu applicable aux travaux militaires.

31 — « Bien que ce décret ait spécialement en vue
» les travaux du service des ponts-et-chaussées — dit
» M. Barry, sur le Commentaire de Chatigner, 1879-
» 1891, p. 80 — *il est également applicable par suite des*
» *termes de l'article 26, aux travaux du service du génie.* »

32 — Et l'article 26 des clauses et conditions générales du marché du génie militaire, cahier du 25 novembre 1876, porte en effet :

» Est pareillement aux frais de l'entrepreneur l'ouver-
» ture des carrières nécessaires aux besoins de l'entreprise,
» que les lieux d'extraction soient ou non fixés par le ca-
» hier des charges spéciales.

» Avant de commencer les extractions, l'entrepreneur » est tenu de prévenir les prspriétaires, *suivant les formes* » *déterminées par les règlements.*

« Il paie sans recours contre l'administration, *et en se* » *conformant aux lois et règlements sur la matière,* tous » les dommages qu'ont pu occasionner la prise ou l'ex- » traction, le transport et le dépôt des matériaux. »

33 — Il en résulte bien que les règles prescrites pour l'exercice de la servitude d'extraction pour les autres travaux publics par la législation, sont applicables en matière de travaux militaires et, ce qui est plus concluant, qu'ils sont appliquées sans aucune difficulté.

34 — Il serait impossible de comprendre qu'il en fut autrement ; qu'on put faire, pour se procurer des matériaux destinés à des chemins ruraux, vicinaux, à des routes, canaux, chemins de fer, ce qui ne serait pas permis — aucune loi du reste ne le défendant — pour les travaux de défense destinés à donner la sécurité à la nation ; et comment par exemple, l'administration de l'Etat ayant le droit d'extraire des matériaux pour la confection des routes ou chemins de fer — *allant à un fort* ne pourrait faire extraire ces mêmes matériaux pour la construction du fort.

35 — Ce serait méconnaître non seulement l'esprit du législateur mais encore le grand principe social que l'intérêt privé s'efface devant l'intérêt public.

36 — La logique veut que : qui peut le plus puise le moins, et que l'Etat pouvant exproprier les domaines privés pour ses travaux puisse, à plus forte raison, faire des extractions et les occuper temporairement.

37 — B. *Les terrains sur lesquels s'exerce la servitude d'extraction doivent être désignés dans le devis ou marché d'adjudication, ou par un arrêté préfectoral, ou indiqués par une convention privée, intervenue entre le propriétaire et l'entrepreneur.*

DÉSIGNATION PAR LE DEVIS OU MARCHÉ

38 — Aux termes de l'art. 2 de l'arrêt du conseil du 7 septembre 1755:

« Lesdits inspecteurs généraux et ingénieurs indique-
» ront, autant qu'ils le pourront, pour prendre lesdits
» matériaux, les lieux où leur extraction causera le moins
» de dommages. »

39 — L'administration est donc tenue de désigner, dans les limites du possible, aux entrepreneurs pour leurs extractions, les lieux où cette opération doit être le moins dommageable. C'est ce que prescrivent aux ingénieurs les circulaires ministérielles ; mais l'administration a plein pouvoir à cet effet, et peut même indiquer des terres ensemencées. (Arrêt de cassation du 28 mai 1852).

Les désignations du terrain doivent donc autant que possible être faites dans les marchés.

DÉSIGNATION PAR ARRÊTÉ PRÉFECTORAL

40 — Lorsque l'administration n'a pas fait ses désignations, les terrains où doit s'opérer l'extraction des matériaux doivent être fixés, sur l'indication des ingénieurs, par un arrêté du préfet *du département où sont situés les terrains.*

41 — Si l'extraction doit avoir lieu dans un autre département que celui où s'exécutent les travaux, c'est le préfet du département dans lequel ils se trouvent qui a seul qualité pour donner l'autorisation et prendre l'arrêté. (Arrêt du 31 mai 1866, *Serre.*)

42 — La compétence du préfet en cette matière est réglée par les dispositions suivantes :

43 — DÉCRET DU 25 MARS 1852 *sur la décentralisation administrative.*

« Art. 4. — Les préfets statueront également, sans l'au-

» torisation du ministre des travaux publics, mais sur » l'avis ou la proposition des ingénieurs en chef et con- » formément aux règlemunts ou instructions ministé- » rielles sur tous les objets mentionnés dans le tableau D. »

44 — Décret du 13 avril 1861 *qui modifie celui du 25 mars 1852.*

« Article premier. — Les préfets statueront désormais » sur les.....

» 3° Règlement des indemnités pour dommages résul- » tant d'extraction de matériaux destinés à la cons- » truction des chemins vicinaux de grande communi- » cation. »

45 — Décret du 8 juin 1868.

« Article premier. — Lorsqu'il y a lieu d'occuper tem- » porairement un terrain, soit pour y extraire des pierres » ou des matériaux..... cette occupation est autorisée par » un arrêté du préfet. »

L'arrêté du préfet suffit donc et ne doit pas être soumis à l'autorité supérieure.

ACCORD ENTRE LE PROPRIÉTAIRE ET L'ENTREPRENEUR

46 — En l'absence de toute désignation par le marché ou par un arrêté préfectoral, l'entrepreneur et le propriétaire peuvent, par un accord amiable désigner les terrains à fouiller.

47 — Dans ce cas, aux termes de l'art. 3 du décret de 1868, l'entrepreneur est tenu de présenter aux ingénieurs, toutes les fois qu'il en est requis, le consentement du propriétaire ou le traité qu'il a fait avec lui.

48 — Mais alors, s'il survient des contestations, ce n'est plus le conseil de préfecture qui est compétent, mais bien la juridiction ordinaire. (Arrêt du 6 août 1861).

49 — Il n'y a plus en effet à apprécier qu'une convention passée entre deux particuliers, l'administration ne se trouvant plus liée au débat, et la compétence du conseil de préfecture ne pouvant résulter que de l'arrêté de désignations et de l'accomplissement des formalités ainsi que nous le verrons plus loin.

50 — C. *Ne sont pas soumis à la servitude d'extraction les fonds entourés de murs ou d'une clôture équivalente attenant à l'habitation ou en dépendant par leur nature.*

51 — L'arrêté du conseil du 7 septembre 1755 indique, dans son article 1er, que les entrepreneurs pourront prendre les matériaux dans les lieux indiqués par le devis « sans néanmoins qu'ils puissent les prendre dans les » lieux qui seront fermés de murs ou autre clôture équi- » valente suivant les usages du pays. »

D'après cet arrêt, les lieux clos de murs ou de clôtures équivalentes d'après les usages du pays, sont donc exempts du droit d'extraction.

52 — Mais le second arrêt du conseil du 20 mars 1780, — perdu de vue après 1789 et découvert en 1840, que nous avons cité plus haut—modifie par interprétation l'arrêt de 1755 en ces termes :

« Sa Majesté s'est fait représenter l'arrêt du 7 sep- » tembre 1755, et elle a jugé que la prohibition qu'il con- » tient de prendre les matériaux nécessaires pour la » confection des grandes routes dans les lieux qui sont » fermés de murs ou autres clôtures équivalentes suivant » les usages du pays, ne doit s'entendre que des cours et » jardins, *vergers et autres possessions de ce genre* et » qu'elle ne peut s'étendre aux terres labourables, herba- » ges, près, bois, vignes et autres terres de la même » nature quoique closes. »

53 — Il décide nettement que l'exemption ne s'applique qu'aux cours, jardins et vergers entourés de murs ou aux autres terrains clos, *attenant* à l'habitation.

54 — Ces deux points ressortent de la jurisprudence du Conseil d'État fixée :

1° Par un arrêt du 13 août 1861, *Martell*, disposant que pour les terrains autres que cours, jardins, vergers et enclos de ce genre, qui ne sont pas par leur nature considérés comme dépendances de l'habitation, il faut, pour qu'ils soient exemptés de la servitude qu'ils remplissent les deux conditions : d'être clos et d'être attenant à l'habitation.

2° Un autre arrêt du 26 décembre 1862, *Brulé-Grouzelle*, décidant que les dépendances de l'habitation ne sont pas soumises à la servitude.

« Considérant qu'il résulte de l'instruction que le
» terrain du sieur *Brulé-Grouzelle*, désigné par le devis,
» est en nature de verger, clos de tous les côtés suivant
» les usages du pays, et qu'il supporte des bâtiments
» d'exploitation DÉPENDANT *de la maison d'habitation* du
» propriétaire, dont il n'est séparé que par un chemin ;
» que, dès lors il se trouve dans les conditions exigées
» par les arrêts du conseil du 7 septembre 1755 et
» 20 mars 1780, pour être affranchi de la servitude
» établie par ces arrêts sur les terrains contenant des
» matériaux propres aux travaux publics. »

55 — Mais quand y a-t-il mur ou clôture équivalente suivant les usages du pays ?

C'est une des questions les plus délicates et les plus contreversées en ces matières.

56 — Aucune difficulté n'est possible quand il y a un mur.

57 — Mais que faut-il entendre par clôture équivalente à un mur, suivant les usages du pays ?

58 — « L'arrêt de 1755, dit M. Aucoc, n° 772, assi-
» mile au mur les clôtures équivalentes suivant les usa-
» ges du pays. *C'est là une question de fait.* »

59 — « Il est permis de penser, — enseigne M. Tarbé de
» Vauxclairs, *Dictionnaire des Travaux publics,* au mot
» Carrières — que des clôtures en bauge, en pisé, en pieux,

» planches ou palissades, des haies vives continues ou » même des espèces de grands parapets ou remparts en » terre peuvent équivaloir à des clôtures, telles que le » règlement les a définies. »

60 — On trouve à l'appui de cette opinion, la définition suivante d'un terrain clos, dans l'art. 6, section IV de la loi du 28 septembre — 6 octobre 1791.

« L'héritage sera réputé clos, lorsqu'il sera entouré » d'un mur de quatre pieds de hauteur avec barrière ou » porte, ou lorsqu'il sera exactement fermé et entouré de » palissade, ou de treillage ou d'une haie vive, ou d'une » haie sèche faite avec des pieux ou cordelée avec des » branches ou toute autre manière de faire des haies en » usage dans chaque localité, ou enfin d'un fossé de » quatre pieds au moins à l'ouverture et de deux pieds » de profondeur. »

Quoique cette nouvelle loi ne soit relative qu'à la vaine pâture, elle n'en contient pas moins des indications utiles pour la question qui nous occupe.

61 — En ces matières, lorsqu'il y a discussion, c'est au conseil de préfecture qu'il appartient de décider et l'appréciation *en fait* doit dominee le débat dans la plupart des cas, les règles absolues étant fort difficiles à poser.

62 — Par exemple lorsqu'il s'agit de fossé, il est bien clair qu'on ne peut considérer comme clôture ceux faits simplement pour limiter les parcelles ; de même il faut reconnaître ce caractère aux fossés établis dans des conditions de largeur et de profondeur telles, que l'intention de clore, du propriétaire est évidente.

63 — D'après sa jurisprudence le conseil d'Etat entend par clôture non pas seulement la séparation de la propriété voisine, mais la suite de murs, haies, pieux, palplanches. etc., organisée de façon à en empêcher l'accès.

64 — Toutes les fois donc qu'un obstacle empêche d'entrer sur le fond, en supprime l'accès, en un mot constitue autour de lui une fermeture sans solution de continuité, il y a clôture dans le sens légal.

65 — Dans le cas contraire, c'est-à-dire si la clôture est interrompue, sur un ou plusieurs points, ou s'il n'existe pas de clôture, le fond est ouvert et le droit d'extraction l'atteint.

66 — C'est ainsi qu'il a été jugé qu'on devait considérer comme clôture :

une haie garnie dans sa solution de continuité par des piquets et des brouissailles sèches. (Arrêt du 5 juin 1846 — *Provencel.*)

67 — Une rivière mariant un ensemble de clôtures artificielles.

Arrêt du 7 mars 1861 — *Thiac.*

« Considérant qu'aux termes de l'arrêt du 7 septembre » 1755, les entrepreneurs de travaux publics peuvent » prendre des matériaux pour l'exécution des travaux » dont ils sont adjudicataires dans tous les lieux qui leur » sont indiqués, *à l'exception de ceux qui sont fermés de » murs ou autres clôtures équivalentes, suivant l'usage du » pays ;*

» Considérant que, si cette exception stipulée en fa- » veur des lieux fermés, ne peut, aux termes de l'arrêt » du conseil du 20 mars 1780, être étendue aux terres » labourables et autres terres de même nature, quoique » closes, *elle est néanmoins applicable à tous les terrains » qui, compris dans la même clôture qu'une maison d'ha- » bitation, doivent en être considérés comme une dépen- » dance ;*

» Considérant que le domaine de Peyreaux, apparte- » nant au sieur Thiac, se compose : 1° d'une maison » d'habitation et d'un parc; 2° d'une ferme dont il dirige » lui-même l'exploitation; que le tout est entouré soit par » des murs, soit par des clôtures équivalentes suivant les » usages des pays, soit par la rivière de Bonnieure; que » les parcelles de terrain désignées au sieur Barberey

» pour y extraire des matériaux sont comprises dans l'en-
» ceinte de ce domaine; qu'ainsi elles rentrent dans les
» cas d'exemption prévus par les arrêts précités; que, dès
» lors, c'est à tort que le conseil de préfecture de la Cha-
» rente a maintenu, en faveur de l'entrepreneur Barberey, la
» faculté d'extraire des matériaux dans lesdites parcelles. »

68 — Un chemin de fer complétant deux clôtures.

ARRÊT DU 8 AOUT 1872. — *Ledoux* (dame veuve).

« Considérant que le domaine du Parc, appartenant à
» la veuve dame Ledoux comprend: 1° des bâtiments
» d'habitation et d'exploitation; 2° une ferme; qu'il ré-
» sulte de l'instruction, et notamment du procès-verbal
» de visite des lieux, que le tout est entouré de clôtures
» équivalentes à des murs suivant les usages du pays;
» que si les parcelles de terrain désignées à la Compagnie
» du chemin de fer, pour y extraire des matériaux, sont
» séparés des bâtiments par la voie ferrée en construc-
» tion, elles n'en sont pas moins comprises dans l'enceinte
» du domaine, dont toutes les parties resteront en com-
» munication par trois passages à niveau et un passage
» souterrain, affectés à l'usage exclusif du propriétaire;
» qu'ainsi ces parcelles rentrent dans les cas d'exemption
» prévus par les arrêts précités (arrêts du conseil du
» 7 septembre 1755 et du 20 mars 1780); que, dès lors,
» c'est à tort que le conseil de préfecture a maintenu en
» faveur de la compagnie du chemin de fer, la faculté
» d'y extraire des matériaux. »

69 — Même lorsque la propriété close est grevée d'une servitude de contre-halage. (Arrêt du 6 août 1875. *Busquet de Caumont.*)

70 — Une terre labourable formant partie d'une propriété entourée d'une clôture continue et située le long de l'avenue conduisant à la maison d'habitation, dont elle constitue ainsi une dépendance.

ARRÊT DU 4 MAI 1877. — *Dozéville et consorts.*

« Considérant que le domaine de l'Angli-Hermine,

» appartenant aux réquérants, comprend : 1° une maison » d'habitation ; 2° des terres labourables; qu'il résulte de » l'instruction que le tout est entouré, soit de haies avec » fossés, soit de douves formant une clôture continue et » équivalente à des murs suivant les usages du pays; » que si la parcelle désignée au sieur Laillé pour y ex- » traire des matériaux est séparée de la maison d'habi- » tation par une clôture intérieure, elle est située le long » de l'avenue qui conduit de la voie publique à ladite » maison dont elle constitue ainsi une dépendance; que, » dès lors, elle rentre dans le cas d'exemption prévu par » les arrêts précités et que c'est à tort que le conseil de » préfecture a maintenu en faveur du sieur Laillé la fa- » culté d'y extraire des matériaux. »

71 — Un bois entouré d'une palissade ou de treillages en bois et fil de fer, formant clôture autour d'une maison d'habitation.

ARRÊT DU 18 NOVEMBRE 1881. — *Dame veuve Bonvallet.*

« Considérant qu'il résulte de l'instruction que la par- » celle de terrain, qui avait été désignée par l'arrêté pré- » fectoral du 4 février 1879, est entouré de palissades ou » treillages en bois et fil de fer, *lesquels forment une* » *enceinte continue dans laquelle se trouve comprise une* » *construction destinée à l'habitation ;* que dès lors, c'est » avec raison que le conseil de préfecture a, par applica- » tion des arrêts du conseil des 7 septembre 1755 et 20 » mars 1780 décidé que ladite parcelle devait être exempte » de la servitude d'extraction de matériaux. »

72 — Mais on doit au contraire refuser ce caractère à:

Une haie avec fossé et rejet de terre. (Arrêt du 1er juillet 1840, *de Champagné.*)

73 — Un talus n'empêchant pas les hommes et les animaux de passer à certains points. (Arrêt du 28 janvier 1851, *Pouplin.*)

74 — Des fossés remplis d'herbe et de terre non entrenus. (Arrêt du 8 janvier 1853.)

75 — Une clôture ouverte sur une des propriétés voisines. (Arrêt du 12 juillet 1864, *Poullain*).

76 — Une haie avec des solutions de continuité. (Arrêt 1867, *Watel*.)

77 — Un canal ne formant pas ensemble avec des clôtures artificielles. (Arrêt du 31 décembre 1869, de *Janzé*.)

78 — Des terrains attenant à un bâtiment d'exploitation.

Arrêt du 28 novembre 1873. — *Timoléon d'Ortoli*.

« Considérant qu'il est établi par l'instruction que les » terrains dont il s'agit font partie d'un domaine qui » n'est pas entièrement clos, qui est divisé en parcelles » dont la plupart sont cultivées comme terres arables, » et qui renferme non pas une maison d'habitation, mais » un simple bâtiment d'exploitation ; que l'arrêté pré- » fectoral a donc pu en autoriser l'occupation temporaire » pour le transport des matériaux nécessaires à la cons- » truction du chemin d'intérêt commun n° 47. »

79 — En résumé, il y a clôture toutes les fois que les hommes ou les animaux sont empêchés par un obstacle naturel ou artificiel de pénétrer sur le fond, et il n'y a pas clôture lorsqu'ils peuvent y accéder par un ou plusieurs points.

Tels sont les caractères déterminants des terrains clos ou non clos.

80 — Il est à noter qu'une clôture établie, même après l'arrêté du préfet désignant le terrain à fouiller affranchit le fond sur lequel elle est placée; mais seulement pour l'avenir et sans effet rétroactif.

81 — « La clôture établie, postérieurement à la dési- » gnation du terrain par un arrêté du préfet aurait-elle » pour effet d'affranchir la propriété de la servitude? » Plusieurs auteurs l'ont contesté, mais le conseil d'Etat » l'a admis. (Arrêt du 5 novembre 1828, *Pasquier*) et » nous croyons que sa jurisprudence est conforme aux » principes. — Aucoc, n° 772). »

82 — Le droit de se clore découlant du droit même de propriété, on ne pourrait comprendre qu'une servitude passagère put le détruire.

83. — Il faut remarquer du reste, que l'exercice du droit de clôture ne présente aucun inconvénient pratique. En effet, on n'a pas à craindre le caprice d'un propriétaire — comme l'ont dit à tort certains auteurs — puisque ce caprice ne pourrait obtenir satisfaction qu'avec une dépense souvent considérable pour se clore, et à la condition que le terrain à entourer de clôtures soit d'une certaine nature (jardin, cour, etc.) ou affecté à certains usages, ou dépendant de la maison d'habitation.

84 — Et enfin, ce qui écarte tout inconvénient, il ne faut pas oublier que la clôture n'affranchit que *pour l'avenir* la propriété frappée de la servitude d'extraction.

85 — Ce n'est donc que du jour où la clôture existe que la propriété bénéficie de l'exemption de la servitude.

86 — Ce principe est formellement consacré par l'arrêt du Conseil d'Etat du 18 mars 1869 (Delom) ci-après :

« Considérant qu'il est établi par l'instruction que, lors » de la désignation, faite par le préfet, de la parcelle » n° 29, dépendant du domaine de Bellevue, pour l'ex- » traction du calloutis nécessaire à la route impériale » n° 21 et lors de l'arrêté du conseil de préfecture qui a » rejeté la réclamation du sieur Louis Delom contre cette » désignation, le domaine de Bellevue ne se trouvait pas » dans les conditions exigées par les arrêts sus-visés de » 1755 et 1780 pour que le propriétaire put se refuser à » l'application de la servitude établie par lesdits arrêts; » que s'il résulte de l'instruction que, depuis la décision » du conseil de préfecture, le sieur Delom a fait exécuter » autour du domaine de Bellevue une clôture continue, et » si, par suite de ses travaux, la parcelle sus-désignée » s'est trouvée dans les conditions exigées par les arrêts

» précités pour qu'elle soit exempte de la servitude d'ex-
» traction, le sieur Delom ne peut se prévaloir que *pour*
» *l'avenir* de ce nouvel état de chose. »

87 — Il faut donc pour décider si la propriété frappée par l'arrêté est dans les conditions d'exemption, se placer à l'époque où le conseil de préfecture ou le Conseil d'État statue.

Si à ce moment le caractère de propriété close est acquis, l'exemption doit être reconnue; sinon, non.

88 — De même si une propriété close avant le litige ne l'est plus au moment de la décision, il n'y a plus lieu de prononcer l'exemption.

89 — Il n'y a aucune différence à faire entre les terrains clôturés et ceux qui ne le sont pas. Les uns comme les autres sont soumis à la servitude. (Arrêts de la chambre de cassation, chambre criminelle, des 1er octobre 1841 et 28 mai 1852.)

90 — Il en est de même pour les bois appartenant aux particuliers. Ils peuvent être fouillés comme les terrains ordinaires non exempts de la servitude. (Arrêt du 30 juillet 1863, *Mauté*.)

91 — Il en est autrement pour les bois soumis au régime forestier.

92 — Pour ceux-ci il existe des règles spéciales contenues dans les articles 145 du code forestier et 170 et suivants de l'ordonnance du 1er août 1827 ci-après, pour l'exécution du code forestier.

« Art. 170. — Lorsque les extractions de matériaux
» auront pour objet des travaux publics, les ingénieurs
» des ponts-et-chaussées, avant de dresser le cahier des
» charges des travaux, désigneront à l'agent forestier
» supérieur de l'arrondissement, les lieux où ces extrac-
» tions doivent être faites. Les agents forestiers, de con-
» cert avec les ingénieurs ou conducteurs des ponts-et-
» chaussées procèderont à la reconnaissance des lieux,

» détermineront les limites du terrain où l'extraction » pourra être effectuée, le nombre, l'espèce et la dimen- » sion des arbres dont elle pourra nécessiter l'abattage, » et désigneront les chemins à suivre pour les transports » des matériaux.

» En cas de contestation sur ces divers objets, il sera » statué par le préfet (F. 145.)

» Art. 171. — Les diverses clauses et conditions, qui » devront, en conséquence des dispositions de l'article » précédent, être imposées aux entrepreneurs, tant pour » le mode d'extraction que pour le rétablissement des » lieux en bon état, seront rédigées par les agents fores- » tiers, et remises par eux au préfet, qui les fera » insérer au cahier des charges des travaux (F. 144.)

» Art. 172. — L'évaluation des indemnités dues à » raison de l'occupation ou de la fouille des terrains, et » des dégâts causés par l'extraction, sera faite confor- » mément aux articles 55 et 56 de la loi du 16 septem- » bre 1807. L'agent forestier supérieur de l'établissement » remplira les fonctions d'expert dans l'intérêt de l'Etat ; » et les experts, dans l'intérêt des communes ou des » établissements publics, seront nommés par les maires » ou les administrateurs.

» Art. 173. — Les agents forestiers et les ingénieurs, » les conducteurs des ponts-et-chaussées, sont expressé- » ment chargés de veiller à ce que les entrepreneurs » n'emploient pas les matériaux provenant des extrac- » tions à d'autres travaux que ceux pour lesquels elles » auront été autorisées. Les agents forestiers exerceront » contre les contrevenants toutes poursuites de droit » (F. 144.)

» Art. 174. — Les arbres et portions de bois qu'ils » serait indispensable d'abattre pour effectuer les » extractions, seront vendus comme menus marchés sur » l'autorisation du conservateur (F. 102 S. 170.)

» Art. 175. — Les réclamations qui pourront s'élever » relativement à l'exécution des travaux d'extraction et » l'évaluation des indemnités, seront soumises au conseil

» de préfecture, conformément à l'art. 4 de la loi du » 17 février 1800 (28 pluviose an VIII.) »

§ III

ÉTENDUE DU DROIT D'EXTRACTION

93 — Il résulte des textes de lois cités, que le droit d'extraction de matériaux est une véritable servitude légale, instituée sur les propriétés privées, dans un but d'intérêt public.

94 — En quoi consiste-t-il?

Evidemment dans le droit d'y prendre *tous les matériaux* nécessaires à l'exécution des travaux publics.

95 — Bien que l'arrêt du conseil de 1755 porte textuellement : « Les entrepreneurs pourront prendre la » pierre, le grès, le sable et autres matériaux pour l'exé- » cution des ouvrages dont ils sont adjudicataires, dans » tous les lieux qui leur seront indiqués » ; on a contesté à l'administration ou ses ayants-droit, le droit de *ramasser* les matériaux, tout en lui reconnaissant celui de faire des fouilles pour les extraire.

96 — La Chambre des pairs a même fait le 10 février 1840 l'honneur d'une discussion à ce point de bon sens.

97 — M. Dufaure, ministre des travaux publics, crut devoir prendre la parole pour démontrer que lorsqu'on pouvait *ramasser* des matériaux sur le sol, il serait bizarre et inutile de faire des fouilles pour en *extraire* d'autres parcelles; qu'évidemment cette servitude plus facile, plus commode et moins onéreuse avait été créée la première: que ce n'est qu'à défaut de pierres répandues à la surface, qu'on avait songé à la seconde donnant le droit de rechercher ces mêmes pierres dans des fouilles; et que les termes de l'arrêt du conseil de 1755 autorisant les entrepreneurs à prendre *les matériaux dont ils ont besoin* sont aussi généraux que possible.

98 — Mais le baron de Feutrier résuma en deux mots la question, et fit bonne justice des prétentions des propriétaires de s'opposer au ramassage des matériaux trouvés sur le sol :

« L'arrêt de 1755, dit-il, autorise à faire des fouilles, » *à plus forte raison à ramasser les pierres*. C'est le cas » d'appliquer l'axiome : *in eo quod plus sit, semper inest et* » *minus.* »

C'est-à-dire en bon français : qui peut le plus, peut le moins.

Et en effet le droit de ramasser les pierres sur le sol fut reconnu.

99 — Le droit d'extraction n'est applicable qu'aux matériaux destinés à l'exécution des travaux publics.

L'arrêt du conseil du 7 septembre 1755 ordonne : « que » les entrepreneurs ne puissent faire aucun autre usage » des matériaux qu'ils ont extrait. »

100 — Ce principe est tellement inflexible que, comme nous le verrons plus loin, si les matériaux extraits n'ont pas été employés aux travaux publics auxquels ils étaient destinés, le conseil de préfecture cesse d'être compétent pour l'appréciation des dommages causés et ce sont les tribunaux ordinaires qui doivent connaître des demandes du propriétaire.

101 — L'article 173 de l'ordonnance règlementaire sur le code forestier du 1er avril 1827 charge expressément les agents forestiers, ingénieurs et conducteurs de veiller à ce que les entrepreneurs « n'emploient pas les maté- » riaux provenant des extractions à d'autres travaux qu'à » ceux pour lesquels elles auront été autorisées. »

102 — Les clauses et conditions générales imposées aux entrepreneurs des travaux et ponts-et-chaussées, cahier de 1866, contiennent la même défense (Art. 21).

» L'entrepreneur ne peut livrer au commerce, sans l'au- » torisation du propriétaire, les matériaux qu'il a fait

» extraire dans les carrières exploitées par lui, en vertu » du droit qui lui a été concédé par l'administration. »

103 — Les articles 27 du cahier du 25 novembre 1876 et 23 du nouveau cahier du 17 juillet 1889 des Clauses et conditions générales imposées aux entrepreneurs des travaux du service du génie, contiennent la même stipulation.

104 — L'utilité publique n'étant que le motif déterminant de la servitude d'extraction imposée au propriétaire celle-ci n'aurait plus de cause légitime, si les entrepreneurs de travaux publics profitaient de leur qualité pour livrer au commerce les matériaux enlevés aux propriétés privées.

105 — Cette règle est tellement absolue, que l'entrepreneur ne peut user *pour d'autres entreprises de travaux publics,* du droit d'extraction qui lui a été accordé spécialement pour un.

Et c'est logique.

Il y aurait dans ce cas une aggravation de servitude qui ne peut être facultative pour l'entreprise.

106 — C'est donc avec raison que le 30 mars 1860 la cour de cassation a jugé que, « l'entrepreneur de travaux distincts, en vertu d'adjudications séparées et qui » a été autorisé à ouvrir des carrières, pour l'une de » ces entreprises dans un terrain forestier, se rend coupable du délit prévu et puni par l'article 144 du code » lorsqu'il emploie pour l'une et pour l'autre les matériaux extraits. »

107 — De son côté, le Conseil d'État appliquait ce principe dès le 9 décembre 1852. (Arrêt *Moisson-Lambert*), dans les circonstances suivantes :

Par arrêté du 6 août 1846, *Moisson-Lambert* chargé de fournir 150.000 mètres cubes de sable à la Compagnie du chemin de fer du Nord pour la construction de lignes d'embranchements allant de ce chemin de fer à celui de Dunkerque, fut autorisé à extraire ce sable du terrain appartenant à un sieur Rickwaërt. Mais après la fourniture de 128.628 mètres cubes, la Compagnie du Nord arrêta le marché.

Plus tard cette même Compagnie, ayant fait un nouveau marché pour la fourniture de 5,000 mètres cubes de sable destinés à l'*entretien* de sa ligne avec *Moisson-Lambert*, celui-ci voulut les extraire du même terrain; mais Rickwaërt s'y opposa et le Conseil d'Etat décida que l'entrepreneur ne pouvait se prévaloir de l'arrêté d'occupation pour la fourniture du sable nécessaire à la construction des embranchements, pour extraire des matériaux destinés à une entreprise nouvelle, que n'avait pas visé cet arrêté.

108 — Cette jurisprudence a été confirmée par deux arrêts des 8 mars 1861, *Leclerc;* et 2 octobre 1870, *Rousseau.*

109 — Cependant le Conseil d'Etat a décidé que lorsque le droit d'extraction dans une propriété a été demandé par une Compagnie de chemins de fer pour la construction de sa ligne, sans spécifier aucune partie à laquelle devaient servir les matériaux, tous les entrepreneurs de cette ligne peuvent extraire de la propriété désignée les matériaux nécessaires à leurs travaux.

110 — Arrêt du 8 mai 1884. — *Duplan.* — C. *Chemin de fer Paris-Lyon-Méditerranée.*

« Considérant que le sieur Duplan fonde sa prétention » sur ce que les sieurs Delamarre et Leglas, entrepreneurs » de la Compagnie des chemins de fer de Paris-Lyon-» Méditerranée, auraient, après l'achèvement du lot dont » ils étaient chargés, continué l'extraction en vue de » céder des matériaux aux entrepreneurs des autres lots » de la ligne de Givors à Lavoulte, et seraient ainsi sortis » des limites de l'autorisation; d'où il résulterait que la

» valeur des matériaux serait due, bien que la carrière ne » fût pas en exploitation ; — Considérant que l'autori- » sation d'occuper temporairement le terrain du sieur » Duplan a été accordée par l'arrêté ci-dessus visé du pré- » fet de l'Ardèche, du 3 novembre 1876, non aux sieurs » Delamarre et Leglas, mais à la Compagnie des che- » mins de fer de Paris-Lyon-Méditerranée et pour l'ou- » verture des chambres d'emprunt destinées à l'exécution » des remblais de la ligne de Givors à Lavoulte; qu'au- » cune disposition de l'arrêté précité ne spécifiait la par- » tie de ladite ligne sur laquelle les matériaux extraits » devaient être employés; que dès lors le fait que les » matériaux extraits par les sieurs Delamarre et Leglas » auraient été en partie employés sur des sections de la » ligne de Givors à Lavoulte autre que celle dont l'exé- » cution avait été confiée à ces entrepreneurs par la » Compagnie, ne constitue que l'usage régulier de l'au- » torisation donnée dans les termes ci-dessus indi- » qués. »

111 — Dans le cas où les matériaux extraits n'ont pas été employés aux travaux pour lesquels leur extraction était autorisée, le conseil de préfecture cesse d'être compétent pour l'appréciation de l'indemnité.

112 — Et ce sont les tribunaux civils qui ont seuls qualité pour évaluer les dommages causés. (Arrêts des 11 août 1849, *Quesne ;* 8 mai 1861, *Leclerc ;* 23 mars 1870, *Rousseau.*)

113 — Mais l'entrepreneur peut employer les matériaux *rebutés* pour les travaux prévus par l'arrêté, à d'autres travaux;

ARRÊT DU 4 MAI 1877. — *Compagnie du Midi.*

« Considérant qu'il y a lieu de tenir compte d'une part, » de ce que l'enlèvement des terres et galets extraits de » la carrière avec le ballast a été une conséquence néces- » saire de l'exploitation ; d'autre part, de ce que le fait

» par la Compagnie d'avoir employé ces terres et galets » extraits, au lieu de les remettre au propriétaire, cons- » titue un dommage indépendant de l'exploitation. »

114 — Il peut également vendre les matériaux qui n'ont pas été reçus et les déchets de fabrication.

Arrêt du 20 février 1880. — *Héritiers Hallaure, Deslandes.*

« Considérant que les héritiers Hallaure soutiennent » que l'entrepreneur a employé les déchets de ses fabri- » cations à combler des excavations sur un terrain à lui » appartenant, ou à entretenir des chemins, et à vendre, » sans leur autorisation, à des particuliers une certaine » quantité de briques confectionnées avec l'argile extraite » de leur terrain, et ne devant servir qu'à l'exécution du » travail public en vue duquel l'occupation dudit terrain » avait été autorisée ; que, par suite, ils réclament la » restitution des déchets, le paiement de la valeur des » briques vendues à des particuliers sans autorisation, » sous déduction des frais de fabrication, et, en outre, » 1,000 francs à titre d'indemnité ; — Mais considérant, » d'une part, que si le sieur Deslandes a dû confectionner » une quantité de briques supérieure à celle qui a été » employée au travail public, et en conséquence retrouve » une quantité correspondante d'argile, il résulte de » l'instruction qu'il y était obligé par les conditions » mêmes de la fabrication, qui comportait nécessairement » un certain nombre de produits de qualité secondaire, » pour obtenir les briques de la qualité réclamée par » l'administration; qu'ainsi les extractions faites par le » sieur Deslandes n'ont pas excédé les besoins prévus par » le devis de son entreprise, et en vue desquels l'autori- » sation lui avait été donnée. »

115 — Ces décisions s'expliquent très bien puisque — et c'est le point dominant — les extractions dans ces cas n'ont pas excédé les besoins prévus par le devis et n'ont pas, par suite, aggravé la servitude.

Elles ne font du reste que consacrer ce principe d'ordre public : que si les intérêts particuliers doivent s'incliner devant l'intérêt général, c'est à la condition qu'ils ne seront sacrifiés qu'à cet intérêt général et non à d'autres du même ordre que les leurs.

CHAPITRE IV

Formalités à remplir préalablement à l'exercice du droit d'extraction. — Chemins vicinaux et ruraux. — Grande voirie et travaux publics.

116 — Antérieurement au décret du 8 février 1868, les formalités exigées pour l'exercice de la servitude d'extraction de matériaux étaient très simples, et disons-le absolument insuffisantes, car elles ne donnaient aucunes garanties aux propriétaires.

117 — La législation générale n'imposait d'autres conventions que : la désignation du terrain à fouiller par un arrêté, et un avertissement au propriétaire, avant l'extraction.

118 — En effet, l'arrêté du conseil du 7 septembre 1755 prescrivait seulement que les matériaux pouvaient être pris par les entrepreneurs « dans tous les lieux qui » leur seront indiqués par les devis et adjudication. »

119 — L'article 1er de la loi du 28 septembre 1791 ajoutait : « les agents de l'administration ne pourront » fouiller dans un champ pour y chercher des pierres, de » la terre ou du sable..... qu'au préalable ils n'aient » averti le propriétaire. »

120 — La jurisprudence décidait :

Qu'à défaut d'indication dans le marché, la désignation

devait être faite par un acte émané du préfet ou du ministre, en cas de réclamation.

Arrêt du 27 juin 1834. — *De Latour-Maubourg.*)

« Considérant, qu'il ne s'agissait que de faire, d'après » la demande de l'entrepreneur, la désignation d'un ter- » rain ; que le préfet, et en cas de contestation le minis- » tre de l'intérieur, sont compétents pour faire cette » désignation soit au devis, soit par un arrêté postérieur. »

121 — Et que, dans ce cas l'avertissement que son terrain avait été désigné devait être donné au propriétaire par un agent de l'administration. (Arrêts de la cour d'Orléans du 14 novembre 1842 et de la cour d'Agen du 21 avril 1864.)

122 — La cour de cassation elle-même, déclarait que lorsque le droit d'extraction était concédé sur tous les fonds d'une commune, un avertissement collectif, donné aux habitants à son de caisse, et par une affiche apposée à la porte de la mairie pendant un mois, était suffisant. (Arrêt de la chambre des requêtes du 13 juin 1866.)

123 — Il en résultait des abus que quelques préfets essayèrent d'empêcher, en prescrivant aux entrepreneurs, par leurs arrêtés, certaines mesures protectrices.

124 — Mais ce fut le décret du 8 février 1868 qui remédia définitivement à cette situation en indiquant les formalités à remplir.

Toutefois, il faut remarquer qu'il n'est pas applicable aux extractions faites pour les chemins vicinaux.

125 — D'où une distinction forcée entre :

I. Les formalités relatives aux extractions pour les chemins vicinaux;

II. Et celles relatives aux extractions pour la grande voirie ou les grands travaux publics.

§ 1er

FORMALITÉS RELATIVES AUX EXTRACTIONS DESTINÉES AUX CHEMINS VICINAUX ET RURAUX

126 — A cause du peu d'importance des matériaux extraits pour la confection et l'entretien des chemins vicinaux et ruraux, les règles suivies, en cette matière, sont beaucoup plus simples que celles tracées par le décret de 1868.

127 — Aussi n'y a-t-il pas lieu de leur appliquer ses dispositions, comme l'a décidé l'arrêt ci-après du Conseil d'Etat:

ARRÊT DU 3 JANVIER 1873. — *Lecouturier.*

« Considérant que pour demander l'annulation de » l'arrêté ci-dessus visé, du conseil de préfecture de » l'Orne, du 11 avril 1870, le sieur Lecouturier se fonde » sur ce que, contrairement aux prescriptions de l'ar- » ticle 17 de la loi du 21 mai 1836, l'arrêté du préfet, » qui désignait une parcelle de terrain lui appartenant » comme devant servir à l'extraction de matériaux pour » l'entretien du chemin vicinal de grande communica- » tion, ne lui aurait pas été notifié dix jours avant » l'occupation de ladite parcelle, et sur ce que les forma- » lités prescrites par les articles 2, 3, 4 et suivants du » décret du 8 février 1868 n'auraient pas été observées » à son égard ;

« Considérant qu'il résulte de l'instruction que l'arrêté » du préfet de l'Orne du 21 novembre 1867, qui dési- » gnait une parcelle de terrain appartenant au requérant » pour servir à l'extraction de matériaux, a été réguliè- » rement notifié au sieur Lecouturier, le 12 mars 1868, » *plus de dix jours* avant l'occupation de son terrain, et » que *les prescriptions du décret du 8 février 1868 ne* » *sont pas applicables* aux occupations temporaires de » terrains nécessitées par l'exécution des travaux de » construction et d'entretien des chemins vicinaux. »

128 — C'est la loi du 21 mai 1836 qui indique la procédure à suivre, dans l'article ci-après, pour les chemins vicinaux :

« Art. 17. — Les extractions de matériaux, les dépôts » ou enlèvements de terre, les occupations temporaires de » terrains, seront autorisés par arrêté du préfet, *qui dési-* » *gnera les lieux.*

» Cet arrêté sera notifié aux parties au moins dix jours » avant que son exécution puisse être commencée.

» Si l'indemnité ne peut être fixée à l'amiable, elle » sera réglée par le conseil de préfecture sur le rapport » d'experts nommés, l'un par le préfet, l'autre par le » propriétaire, en cas de désaccord. »

129 — Et la loi du 7 mai 1881 assimile les chemins ruraux aux chemins vicinaux dans l'article suivant :

« Art. 14. — Lorsque des extractions de matériaux, » des dépôts ou enlèvements de terre, ou des occupa- » tions de terrains sont nécessaires pour les travaux de » réparations ou d'entretien des chemins ruraux effectués » par les communes, il est procédé à la désignation des » lieux et à la fixation de l'indemnité conformément à » l'article 17 de la loi du 21 mai 1836. »

130 — Comme on le voit, les formalités à remplir sont aussi simples que faciles.

Un arrêté du préfet désigne les lieux où doivent avoir lieu les enlèvements de matières, dépôts ou occupations.

Il est notifié au propriétaire, par les maires ou gardes champêtres dix jours avant l'exécution.

Les dix jours écoulés l'occupation commence.

L'indemnité à allouer après l'extraction peut être fixée ou à l'amiable entre le propriétaire et l'entrepreneur, ou par le conseil de préfecture.

131 — Dans le premier cas, aucune formalité n'est exigée, la preuve de la convention suffit.

132 — Dans le second, le propriétaire doit adresser

au conseil de préfecture du département une demande sur timbre sous forme de requête. Le conseil ordonne une expertise, qui était faite sous l'empire de la loi de 1836 par deux experts nommés l'un par le sous-préfet, l'autre par le propriétaire, et en cas de discord par un tiers-expert désigné par le conseil de préfecture; mais se trouve aujourd'hui soumise aux prescriptions des articles 13 et 14 de la loi du 22 juillet 1889 sur la procédure à suivre devant les conseils de préfecture (1).

133 — Aux termes de ces dispositions nouvelles, l'expertise *doit être ordonnée* toutes les fois qu'elle est demandée par les parties ou l'une d'elles.

134 — Elle est faite par trois experts à moins que les parties ne consentent à ce qu'elle soit faite par un seul.
Si les parties conviennent de la nomination d'un expert unique, elles le désignent; si elles ne s'accordent pas sur son choix le conseil le nomme.

135 — Quand l'expertise est confiée à trois experts, chaque interressé choisit le sien et le troisième est désigné par le conseil de préfecture.

136 — Après les opérations d'expertise, le ou les experts déposent leur rapport, et c'est sur leur travail que le conseil fixe le montant de l'indemnité réclamée par le propriétaire pour le préjudice par lui éprouvé.

137 — En ces matières comme pour les travaux de grande voirie et les travaux publics, le propriétaire a le droit de se pourvoir contre l'arrêté du préfet devant le conseil de préfecture, qui a compétence pour connaitre de tous les vices de forme, irrégularités ou illégalités de l'arrêté d'extraction.

138 — Du reste, à ce point de vue, les règles appli-

(1) *Commentaire de la loi du 22 juillet 1889*, par A. Doussaud, 1891.

cables aux extractions en général le sont aussi pour celles faites pour les chemins ruraux et vicinaux.

C'est ainsi que toutes les formalités substentielles relatives: à l'arrêté du préfet, aux notifications, nominations d'experts édictées par les lois de 1836 et 1881 doivent être remplies à peine *d'irrégularité* de l'extraction.

139 — Dans ce cas, non seulement l'entrepreneur est responsable dans les termes du droit commun, et exposé à des dommages et intérêts conformément à l'article 1382 du code civil, mais il devient encore soumis à la juridiction des tribunaux ordinaires. (Arrêts des 25 février 1867, *Sol*; 3 janvier 1873, *Lecouturier*.)

Ajoutons que, comme nous le verrons plus loin, l'action en indemnité du propriétaire se prescrit par deux ans.

§ II

FORMALITÉS RELATIVES AUX EXTRACTIONS DE MATÉRIAUX POUR LA GRANDE VOIRIE ET LES TRAVAUX PUBLICS

140 — D'après les dispositions du décret du 8 février 1868, l'extraction des matériaux est autorisée par un arrêté du préfet visant le devis, ou le rapport de l'ingénieur en chef désignant le terrain à occuper.

141 — Si le devis ne contient pas de désignation, le préfet y supplée par son arrêté sur le rapport de l'ingénieur.

142 — Les conseils de préfecture n'ont pas qualité pour faire la désignation du terrain ou donner l'autorisation.

143 — Ce droit appartient exclusivement au préfet compétent, c'est-à-dire à celui du département où sont situés les terrains à explorer. (Arrêt du Conseil d'Etat du 31 mai, 1866, *Terres;* 12 novembre 1875, *Guigné.*)

144 — « Considérant — porte ce dernier — que

» les terrains du requérant sont situés sur le territoire du » département de Seine-et-Oise ; que dès lors, c'était au » préfet de ce département qu'il appartenait d'autoriser l'ex- » traction de matériaux desdits terrains, et qu'aucune » disposition de loi ni de règlement ne prescrivait que » cet arrêté d'autorisation fut précédé d'un autre arrêté, » rendu dans le même but par le préfet du département » où devaient s'exécuter les travaux auxquels les maté- » riaux à extraire étaient destinés. »

145 — Le préfet a incontestablement le droit de désigner dans son arrêté un lieu d'extraction situé en dehors de son département.

146 — Seulement, cet arrêté n'est obligatoire que pour l'entreprise; pour qu'il puisse être opposé au propriétaire du terrain, il faut qu'en outre *le préfet du lieu* ait, par un autre arrêté, accordé l'autorisation spéciale d'extraction.

147 — Mais un préfet peut toujours désigner le terrain de son département pour l'extraction de matériaux destinés à des ouvrages qui doivent être faits dans un autre. (Arrêt du 12 novembre 1875, *Guigné* cité plus haut.)

148 — Et dans ce cas, aucune diposition légale ni règlementaire, ne prescrit que cet arrêté doit être précédé d'un arrêté confirmé par le préfet du département où doivent être faits les ouvrages.

149 — Par suite, lorsque le cahier des charges stipule que les matériaux doivent être extraits dans un département où les travaux existent, l'entrepreneur ne peut les prendre dans un autre, en vertu d'un arrêté du préfet de ce dernier département, tant que le préfet du premier où a lieu l'exécution n'a pas autorisé le changement.

150 — C'est ce qu'a décidé le Conseil d'Etat. (Arrêt du 16 août 1843, *Lemoyne*), dans les circonstances suivantes.

D'après le devis de l'entreprise des frères Jobert, pour

la pose des trottoirs, dallages et autres travaux accessoires du pavage de Paris, le granit devait provenir de la Normandie.

Après leur adjudication les entrepreneurs firent rendre par le préfet de la Nièvre un arrêté les autorisant à extraire des graviers du bois de Montgin, près Clamecy.

Le propriétaire protesta et malgré les observations du ministre, qui prétendait :

Que d'un côté le privilège de l'administration est d'une application générale s'étendant à toutes les parties du territoire sans être limité par les divisions administratives;

Que de l'autre la qualité de l'entrepreneur étant attaché à sa personne et le suivant pendant toute la durée de son entreprise, il suffit quand il est appelé par les besoins de ses travaux dans une autre circonscription administrative que celle qui lui a été désignée, d'une autorisation du préfet du lieu, pour y exercer son privilêge ;

Le Conseil d'Etat décida : que le droit d'extraction ne pouvait être exercé dans un autre endroit que celui désigné, qu'à la condition que le préfet autoriserait le changement de la désignation par lui primitivement faite.

151 — L'arrêté du préfet visant le devis ou le rapport de l'ingénieur directeur des travaux, indique :

Le nom de la commune ou est situé le terrain;

Les numéros du plan cadastral des parcelles de ce terrain;

Le nom du propriétaire. (Art. 1er du décret de 1868).

152 — Cet arrêté est notifié par le maire de la commune au propriétaire ou son représentant, et une copie certifiée est remise à l'entrepreneur par l'ingénieur.

153 — A ce moment, le propriétaire et l'entrepreneur peuvent s'entendre à l'amiable.

En cas d'accord l'entrepreneur doit présenter à toutes réquisitions des ingénieurs, soit le consentement du propriétaire, soit le traité passé avec lui. Ce traité peut être fait par acte sous signatures privées, mais doit être écrit. (Art. 3.)

154 — A défaut d'accord, on procède à la constatation des lieux comme suit :

L'entrepreneur indique par une lettre chargée, au propriétaire, ou s'il n'habite pas dans la commune, à son fermier, locataire ou gérant, le jour — qui ne doit pas être éloigné de celui de la notification de moins de dix jours — où il se rendra sur les lieux en personne ou par son représentant; il l'invite en même temps à désigner un expert pous procéder contradictoirement avec celui qu'il va choisir, aux constatations; et il informe le maire de la commune de sa notification au propriétaire. (Art. 4.)

Si dans le délai de dix jours, à partir de la notification, le propriétaire refuse ou néglige de nommer son expert, le maire en désigne un d'office pour opérer contradictoirement avec l'expert de l'entreprise. (Art. 6).

155 — Lorsque les travaux sont exécutés directement par l'administration sans l'intermédiaire d'un entrepreneur, la notification au propriétaire et l'avertissement au maire sont donnés par l'ingénieur; et l'expert chargé de constater les lieux, contradictoirement avec celui du propriétaire, est nommé par le préfet. (Art. 9).

156 — Au jour fixé, les deux experts constatent l'état des lieux, de manière qu'on puisse avoir les éléments nécessaires pour évaluer la dépréciation du terrain et faire l'estimation des dommages en rapprochant cette première constatation de celles qui seront faites après l'exécution des travaux.

Ils peuvent même faire cette estimation immédiatement, si le propriétaire et l'entrepreneur y consentent.

Enfin, ils dressent procès-verbal de leurs opérations en trois expéditions, dont l'une est remise au propriétaire du terrain, une autre à l'entrepreneur, et la troisième au maire de la commune. (Art. 5.)

157 — Les travaux d'extraction peuvent alors commencer.

158 — Mais cependant, il ne faut pas perdre de vue que le propriétaire du terrain où doit se faire l'extraction, a le droit d'attaquer l'arrêté de désignation :

1° Par la voie gracieuse, en s'adressant d'abord au préfet qui a rendu l'arrêté, ensuite au ministre, et en demandant que l'arrêté soit rapporté pour des raisons soit de convenance, soit d'équité, soit de circonstances particulières ;

2° Par la voie contentieuse, en faisant un recours contre l'arrêté devant le conseil de préfecture, et ensuite devant le Conseil d'Etat pour vice de forme, irrégularité ou illégalité.

159 — Aucun délai n'est fixé par la loi pour le recours à former.

160 — Seulement, s'il est fait après les dix jours qui doivent s'écouler entre la notification de l'arrêté et la visite des lieux, la prise de possession de l'entrepreneur après ces formalités, deviendra légale, tout en laissant intact le droit de recours du propriétaire.

161 — Le recours du propriétaire a pour effet en droit, d'arrêter la prise de possession.

162 — C'est une conséquence logique du droit d'attaquer l'arrêté. S'il en était autrement le recours serait illusoire, puisqu'il n'arrêterait pas l'extraction à laquelle précisément le propriétaire s'oppose ; et que ce qu'il a pour but d'empêcher serait accompli lorsque son bien fondé serait reconnu.

163 — « *Lorsque le propriétaire n'a pas formé de* » *recours contre l'arrêté* du préfet portant désignation du » terrain, *ou lorsque son recours a été définitivement rejeté,* » le terrain peut être occupé » — enseigne Herman, *voirie vicinale.*

Ce qui signifie très clairement, par argument *a contrario*

que tant que le recours formé est en suspens il ne peut y avoir occupation du terrain.

164 — Du reste, dans la pratique, le recours suspend toujours l'occupation. Cependant, si l'administration n'en tenait aucun compte, le propriétaire tout en maintenant son opposition aurait le droit de demander au président du conseil de préfecture, en vertu de l'article 24 de la loi du 22 juillet 1889, de désigner un expert pour constater les faits sur lesquels il s'appuie et l'état des lieux avant l'extraction.

165 — Le propriétaire peut aussi former un recours contre l'arrêté rendu sur son opposition par le conseil de préfecture.

Mais ce deuxième recours *n'étant pas suspensif* comme le premier, il ne peut que demander une ordonnance de sursis.

166 — Il faut remarquer que *le droit de recours contentieux n'appartient qu'au propriétaire.*

167 — L'entrepreneur n'a pas le droit d'en former, il ne peut que recourir gracieusement au préfet d'abord et ensuite au ministre. (Arrêt du 24 décembre 1880, *de Talhouet.*)

168 — C'est ainsi que le Conseil d'Etat a jugé que : la décision par laquelle le ministre approuve l'arrêté du préfet refusant de donner ou retirant l'autorisation d'extraire des matériaux dans une propriété désignée au devis, ne peut pas faire l'objet d'un recours au contentieux.

ARRÊT DU 3 MAI 1850. — *Savallette.*

« La décision par laquelle le ministre des travaux publics refuse d'annuler un arrêté préfectoral rapportant l'autorisation précédemment accordée à un entrepreneur de travaux publics d'occuper temporairement une propriété pour y extraire des matériaux n'est pas susceptible d'un recours par la voie contentieuse. »

ARRÊT DU 5 JUILLET 1878. — *Compagnie d'Orléans.*

« Considérant que l'arrêté préfectoral du 10 juillet 1874

» qui a autorisé la Compagnie du chemin de fer d'Orléans à Châlons, à occuper temporairement trois parcelles de terrain sises sur le territoire de Normanville, » afin d'en extraire des matériaux, n'avait conféré à cette » Compagnie qu'une autorisation qui pouvait être retirée » par l'administration; que par suite le préfet de l'Eure, » après avoir reconnu sur la réclamation du propriétaire » des terrains dont l'occupation avait été autorisée, que » cette occupation n'était pas nécessaire à l'exécution » des travaux dont la Compagnie requérante est concessionnaire a pu, par son arrêté du 6 avril 1876, rapporter l'autorisation qu'il avait donnée à celle-ci ; et » que dès lors, le ministre des travaux publics, en refusant d'annuler le crédit arrêté, a pris dans la limite » de ses pouvoirs, une décision qui ne peut être l'objet » d'un recours par la voie contentieuse..... Rejet. »

169 — En effet, vis-à-vis de l'entrepreneur, l'arrêté d'autorisation ou de retrait de cette autorisation du préfet ne constitue qu'un simple acte d'administration, ne pouvant donner lieu à un recours pour excès de pouvoir.

Ce n'est donc que lorsque l'administration n'exécute pas les clauses du marché ou ne remplit pas ses obligations envers lui, que l'entrepreneur peut porter sa demande devant le conseil de préfecture en premier ressort, et devant le Conseil d'Etat comme tribunal d'appel en dernier ressort.

§ III

FORMALITÉS ESSENTIELLES DONT L'INOBSERVATION ENTRAINE L'IRRÉGULARITÉ DE L'EXTRACTION

170 — Toutes les formalités édictées par le décret du 8 février 1868 doivent être rigoureusement suivies.

171 — L'arrêté du préfet qui en dispenserait l'entrepreneur serait nul, ainsi que l'a décidé le conseil d'État.

ARRÊT DU 31 DÉCEMBRE 1878. — *Baroux.*

« Considérant que, par arrêté du préfet de la Somme du » 21 janvier 1874 l'entrepreneur a été autorisé à ramas- » ser sur les territoires . . . les cailloux, en se conformant » aux dispositions des arrêtés préfectoraux du 6 octobre » 1853 et du 5 mai 1858 ; que l'obligation que ces ar- » rêtés imposent aux entrepreneurs de justifier de leur » qualité préalablement à l'opération du ramassage, aux » maires des communes sur lesquelles ils sont autorisés à » ramasser des cailloux, et de remettre à leurs ouvriers » et préposés une carte destinée à les faire reconnaître » des propriétaires, ne saurait suppléer aux formalités » prescrites, en cas d'occupation temporaire des terrains, » par le décret du 8 février 1868 de la loi du 21 mai 1836; » qu'il suit, de là, qu'en autorisant l'adjudication des tra- » vaux ci-dessus énoncés, à pénétrer dans les propriétés » particulières pour y ramasser des cailloux sous la seule » condition de se conformer aux dispositions des arrêtés » préfectoraux: du 6 octobre 1853 et du 6 mai 1858, le » préfet a méconnu les dispositions du décret de 1868 et » et de la loi de 1836. »

172 — L'importance de ces formalités est telle que, afin que personne n'en ignore, l'article 1er du décret de 1868 porte :

« Un exemplaire du présent règlement est annexé à » l'arrêté. »

173 — Parmi les formalités essentielles, l'arrêté du préfet vient en première ligne; nous avons vu plus haut les règles auxquelles il est soumis.

174 — La notification de l'arrêté vient ensuite. Elle est faite par le maire.

175 — La loi n'en indique pas les formes et le décret de 1868 n'en dit rien, mais il faut : 1° qu'elle soit de nature à avertir le propriétaire et à le mettre en demeure d'acquiescer ou de s'opposer à l'arrêté de désignation; 2° qu'elle soit faite par huissier ou par un agent de l'administration, assermenté.

176 — C'est ce qu'a décidé en ces termes un arrêt de la cour d'Orléans du 14 novembre 1842 — *Maupaté :*

« Il (le législateur) a nécessairement entendu parler » d'un avertissement légal, de nature à porter à la con» naissance personnelle du propriétaire le fait qui l'inté» resse et à mettre celui-ci en demeure d'exécuter ou » d'attaquer l'acte administratif; un semblable avertis» sement ne peut résulter que d'une notification réguliè» rement faite, soit par un huissier, soit par tout agent » de l'administration dont les procès-verbaux font foi en » justice. »

177 — La même décision a déclaré :

A. Qu'un certificat du maire affirmant qu'il avait fait connaître l'arrêté désignant les terrains, sans indiquer à quelle date, n'établissait pas qu'il y eût une notification régulière.

« Un pareil certificat ne peut remplacer le procès-ver» bal de notification que le maire aurait dû dresser ou » faire dresser par le garde-champêtre, dans la forme » ordinaire, procès-verbal qui aurait eu date certaine, et » aurait porté lui-même la preuve légale de l'avertisse» ment. »

B. Qu'un acte d'huissier contenant sommation au propriétaire, en vertu d'un arrêté du préfet dont la date et les principales dispositions étaient indiquées, d'avoir à désigner son expert pour faire avec celui de la compagnie concessionnaire les constatations devant servir de base à l'indemnité, *ne pouvait être considérée comme une notification régulière.*

« Ces énonciations ne pouvant suppléer à la *copie* » *textuelle de l'arrêté*, qui peut seule en donner une » connaissance parfaite et constituer l'avertissement » exigé par la loi du 6 octobre 1791. »

178 — L'article 1er de la section VI du titre premier de cette loi dit en effet :

« Les agents de l'administration ne pourront fouiller...
» *qu'au préalable ils* n'aient averti le propriétaire. »

179 — Il faut donc : 1° que la notification faite au propriétaire contienne la copie *in extenso* de l'arrêté préfectoral de désignation, ou de l'article du devis relatif à l'extraction; 2° qu'elle soit constatée par un acte extra-judiciaire ou un procès-verbal d'un agent de l'administration ayant qualité pour cela; 3° et enfin comme nous l'avons dit, qu'un exemplaire du décret de 1868 soit annexé à l'arrêté. (Art. 1).

Ces premières formalités remplies, le propriétaire et l'entrepreneur peuvent se mettre d'accord et régler l'extraction et l'indemnité par une convention amiable.

180 — L'accord entre le propriétaire et l'entrepreneur dispense des autres formalités.

181 — La convention doit être *écrite* et régulière; elle est soumise à toutes les dispositions légales qui régissent les conventions privées, et si des difficultés d'exécution se présentent, c'est au tribunal civil qu'il appartient de connaître.

182 — L'affirmation d'une convention, qui ne peut être prouvée par écrit, est insuffisante. (Arrêt du 2 juin 1876, *Abougit*, tribunal des conflits. — Arrêt du 10 février 1877, *Faidides*).

183 — L'entrepreneur est tenu de la présenter aux ingénieurs toutes les fois qu'il en est requis. (Art. 3 du décret de 1868).

« Toutes les fois, dit la circulaire, du 15 février 1868
» de M. le ministre des travaux publics aux préfets, que
» l'entrepreneur pourra se mettre d'accord avec le pro-
» priétaire, et il faut désirer que cet accord ait lieu dans

» le plus grand nombre des cas, aucune difficulté ne peut » s'élever; seulement, il est nécessaire que l'entrepreneur » présente, lorsqu'il en est requis par les ingénieurs, le » consentement écrit du propriétaire, comme l'indique » l'article 3. »

184 — S'il n'intervenait aucun arrangement, les articles 4, 5 et 6 du décret de 1868 deviennent applicables et il y a lieu de procéder aux constatations contradictoires devant servir à fixer l'indemnité.

185 — L'entrepreneur fait alors la notification prescrite par l'article 4; au jour fixé les deux experts procèdent, ils dressent leur rapport et en font la remise.

186 — Toutes ces formalités, que nous avons indiquées plus haut, étant remplies, l'entrepreneur peut occuper le terrain désigné et y commencer les travaux autorisés; et si le propriétaire s'y oppose l'occupation a lieu avec l'assistance du maire ou de son délégué. (Art. 7).

187 — Mais il faut remarquer que si les *formalités substentielles* que nous venons d'énumérer n'ont pas été remplies, l'extraction est irrégulière et constitue une *voie de fait* dont l'entrepreneur est responsable dans les limites de droit commun.

188 — Il devient justiciables des tribunaux civils (arrêts des 15 mai 1856, *Galet* — 16 août 1862, *Nicolas* — 5 mai 1869, *Dufau*) et non seulement le propriétaire peut lui réclamer l'indemnité déterminée par l'arrêt du 7 septembre 1755, mais encore des dommages et intérêts.

189 — Il peut même être actionné devant le tribunal correctionnel.

190 — Les principes de compétence en ces matières sont tellement rigoureux, que *même lorsque le propriétaire a consenti à l'extraction,* si les formalités n'ont pas été remplies, l'appréciation du dommage causé, et la fixation de l'indemnité, restent réservées aux tribunaux ordinaires. (Arrêt de la cour de Paris du 3 janvier 1860, *Chevallard.*)

191 — Mais lorsque les formalités prescrites ont été remplies, le conseil de préfecture est seul compétent, conformément à l'article 4 de la loi de pluviose, an VIII.

CHAPITRE V

Règles à observer pendant les extractions de matériaux.

192 — L'entrepreneur doit se conformer, pour exercer le droit d'extraction, aux diverses lois qui le régissent.

193 — Dès le 14 mars 1741, un arrêt du conseil du roi — confirmé par deux autres, des 5 avril 1772 et 17 septembre 1776, et deux ordonnances des 29 mars 1754 et 17 juillet 1781 — défendait expressément à tous carriers d'ouvrir aucune carrière de pierres, moëllons, marnes, sur les bords et côtés des grandes routes *qu'à une distance de trente-deux toises de l'extrémité de la largeur* (bord extérieur) *des fossés.*

Voici les termes de l'arrêt du 5 avril 1772 et de ces ordonnances :

194 — *Arrêt du 5 avril 1772 du conseil portant règlement pour l'ouverture des carrières :*

« Art. 1er. — Les règlements précédemment faits,
» concernant l'ouverture des carrières, seront exécutés
» selon leurs forme et teneur. Aucune carrière de pierres
» de taille, moëllons, grès, et autres fouilles pour tirer
» de la marne, glaise ou sable, ne pourra être ouverte
» qu'à trente toises de distance du pied des arbres plan-
» tés au long des grandes routes; et ne pourront, les
» entrepreneurs desdites carrières, pousser aucune fouille
» ou galerie souterraine du côté desdites routes, à moins

» de trente toises de distance desdites plantations ou des » bords extérieurs desdites routes, conformément aux » dispositions de l'arrêt du conseil du 14 mars 1741, et » de l'ordonnance du bureau des finances du 29 mars » 1754, concernant la police générale des chemins.

195 — *Ordonnnance du 29 mars 1754:*

« Art. 10. — Les carrières de pierres de taille, moëllons, marnes et autres ne pourront être ouvertes qu'à » trente toises (58^{m}47) de distance du pied des arbres » plantés le long des routes et grands chemins, et à » trente-deux toises du bord ou extrémité de la largeur » des chemins non plantés d'arbres, conformément au » règlement du 14 mars 1741. Défendons expressément » d'en ouvrir à moindre distance sans une permission » expresse et par écrit desdits sieurs commissaires du » pavé de Paris ou des ponts et chaussées, chacun dans » leur département, dans le cas où il serait constaté n'en » pouvoir résulter aucun inconvénient. Ne pourront les » rameaux ou rues de toutes carrières être poussés du » côté des chemins: le tout sous peine de 300 livres d'a- » mende et de confiscation des matériaux, outils et » équipages. »

195 *bis* — *Ordonnance du 17 juillet 1781 du bureau des finances de la généralité de Paris, concernant la police des chemins dans l'étendue de cette généralité.*

« Art. 9. — Faisons défense à tous carriers, gravatiers, » sculpteurs, laboureurs, vignerons, et tous autres, de » poser aucuns matériaux, gravois, décombres, fumiers, » terres, immondices, sur aucune partie des grandes » routes et chemins, comme aussi de faire aucuns trous et » fouilles sur les côtés des chaussées et accôtements, ni » sur les glacis, sous quelque prétexte que ce soit, même » d'y prendre du sable, de la pierre ou autres matériaux » ou d'y faire aucune culture . . . . .à peine de » confiscation desdits objets et de 100 livres d'amende. »

196 — Les articles 1er et 2 de la loi du 15 juillet 1845 ont étendu aux extractions de matériaux pour l'exécution ou l'entretien des chemins de fer, cette même défense, et l'article 3 protège les abords des chemins de fer, en ces termes :

« Art. 1er. — Les chemins de fer construits ou con-» cédés par l'État font partie de la grande voirie.

« Art. 2. — Sont applicables aux chemins de fer les règlements sur la grande voirie.....

» Art. 3. — ..... Sont également applicables à la con-» fection et à l'entretien des chemins de fer, les lois et » règlements sur l'extraction des matériaux nécessaires » aux travaux publics. »

197 — Les articles 24 et 25 du cahier modèle des chemins de fer disposent :

« Art. 24. — Si la ligne du chemin de fer traverse un » sol déjà concédé pour l'exploitation d'une mine, *l'admi-» nistration déterminera les numéros à prendre* pour que » l'établissement du chemin de fer ne nuise pas à l'ex-» ploitation de la mine, et réciproquement pour que le cas » échéant l'exploitation de la mine ne compromette pas » l'existence du chemin de fer. Les travaux de consolida-» tion à faire dans l'intérieur de la mine à raison de la » traversée du chemin de fer, et tous les dommages ré-» sultant de cette traversée pour les concessionnaires de » la mine, seront à la charge de la Compagnie.

» Art. 25. — Si le chemin de fer doit s'étendre sur des » terrains renfermant des carrières ou les traverser sou-» terrainement, il ne pourra être livré à la circulation » avant que les excavations qui pourraient en compro-» mettre la solidité n'aient été remblayées ou consolidées. » *L'administration déterminera la nature* et l'étendue » des travaux qu'il conviendra d'entreprendre à cet effet » et qui seront d'ailleurs exécutés par les soins et aux » frais de la compagnie. »

198 — Le décret du 10 août 1853 sur le classement des places de guerre et des postes militaires et *sur les* *servitudes imposées à la propriété autour des fortifications*, qui a réuni et coordonné dans leur ensemble toutes les dispositions des lois concernant les servitudes militaires, dispose:

« Art. 9. — Dans la troisième zone des servitudes des » places et des postes, il ne peut être fait aucun chemin, » aucune levée ni chaussée, aucun exhaussement de ter- » rain, *aucune fouille ou excavation, aucune exploitation* » *de carrière*, aucune construction au-dessus du niveau » du sol, avec ou sans maçonnerie, enfin *aucun dépôt des* » *matériaux* ou autres objets, sans que leur alignement » et leur position n'aient été concertés avec les officiers » du génie, et que, d'après ce concert le ministre de la » guerre n'ait déterminé ou fait déterminer par un décret » les conditions auxquelles les travaux doivent être as- » sujétis dans chaque cas particulier.

« Art. 40. — Les gardes du génie dûment assermen- » tés, recherchent les contraventions et les constatent » aussitôt qu'elles sont reconnues. »

« Art. 48. — Les contrevenants, outre la démolition à » leurs frais des ouvrages indûment exécutés, encourent » selon le cas, les peines applicables aux contraventions » analogues en matière de grande voierie, conformément » à l'article 13 de la loi du 17 juillet 1819. »

199 — Les mêmes mesures de prudence doivent être observées en ce qui concerne les constructions.

200 — Lorsqu'il y a lieu d'extraire des matériaux des carrières en exploitation ou déjà ouvertes, l'entrepreneur est soumis aussi aux lois de police qui fixent la distance à laquelle elles doivent s'arrêter près des routes et des habitations.

201 — C'est ainsi que le Conseil d'Etat a décidé que l'administration pouvait faire cesser, sans indemnité, l'exploitation d'une carrière tellement rapprochée d'une habitation qu'il y avait péril. (Arrêt du 8 juillet 1840, *Lixant.*)

202 — L'arrêt du conseil du 24 avril 1777 interdit de prendre des matériaux dans le lit des rivières navigables ou sur leurs bords à peine 500 livres d'amende.

(Voir aussi arrêt du 19 avril 1844. — *Dubourg.*)

203 — Enfin, l'article 145 du code forestier est ainsi conçu :

« Il n'est point dérogé aux droits conférés à l'administra-
» tion des ponts et chaussées d'indiquer les lieux où doivent
» être faites les extractions de matériaux pour les tra-
» vaux publics ; néanmoins les entrepreneurs seront tenus
» envers l'Etat, les communes et établissements publics,
» comme envers les particuliers, de payer toutes les in-
» demnités de droit, *et d'observer toutes les formes* pres-
» crites par les lois et règlements en cette matière. »

Et les articles 170 et suivants, cités plus haut de l'ordonnance pour l'exécution de ce code, contiennent les prescriptions à observer pour les extractions de matériaux dans les bois et forêts soumis au régime forestier.

204 — Toutes les règles qui précèdent sont applicables aux emprunts, qui constituent de véritables extractions de matières, puisqu'ils consistent dans l'enlèvement, des terrains avoisinant, de déblais d'un cube suffisant pour équilibrer celui des remblais.

205 — Les entrepreneurs doivent d'autant plus tenir compte de ces prescriptions que les propriétaires auxquels toutes ces opérations causent des préjudices ont, aux termes des articles 1382 et suivants du code civil, une action en réparation tant contre les entrepreneurs, que contre l'administration qui en est responsable, et que les premiers sont exposés aux peines édictées par les lois spéciales en ces matières, même lorsque les terrains protégés par elles sont compris dans le périmètre fixé par l'arrêté d'autorisation.

206 — Aussi, dans son avis du 11 septembre 1852,

le conseil général des ponts et chaussées, a-t-il déclaré : « Il n'appartient pas, en effet, à l'administration de » s'affranchir ou d'affranchir ses agents de la règle qu'elle » a jugé utile d'imposer aux propriétaires voisins des » routes. »

CHAPITRE VI

Règlement des dommages après les extractions de matériaux.

§ Ier

COMMENT SONT PAYÉES LES INDEMNITÉS.

207 — La fixation de l'indemnité peut être faite d'accord et amiablement entre le propriétaire et l'entrepreneur.

208 — A défaut d'accord, c'est le conseil de préfecture qui la fixe, aux termes de l'article 4 de la loi du 28 pluviose, an VIII.

209 — On s'est demandé si l'indemnité doit être réglée et payée avant l'extraction des travaux?

Et la question a été vivement et longuement discutée.

210 — Pour l'affirmative, on a invoqué les dispositions suivantes :

DÉCRET DU 28 SEPTEMBRE 1791

TITRE PREMIER

SECTION PREMIÈRE

« Art. 1er. — Le territoire de la France, dans toute » son étendue est libre comme les personnes qui l'ha- » bitent: Ainsi toute propriété territoriale ne peut » être sujette envers les particuliers qu'aux redevances » et aux charges dont la convention n'est pas défendue

» par la loi ; et envers la nation qu'aux contributions pu- » bliques établies par le Corps législatif, et aux sacrifices » que peut exiger le bien général, *sous la condition d'une* » *juste et préalable indemnité.* »

TITRE PREMIER

SECTION IV

« Art. 1er. — Les agents de l'administration ne pour- » ront fouiller dans un champ pour y chercher des pierres, » de la terre ou du sable nécessaires à l'entretien des » grandes routes ou autres ouvrages publics, *qu'au* » préalable ils n'aient averti le propriétaire et qu'*il ne* » *soit justement indemnisé* à l'amiable ou à dire d'experts, » conformément à l'article 1er du présent décret. »

CODE CIVIL

« Art. 545. — Nul ne peut être contraint de céder sa » propriété, si ce n'est pour cause d'utilité publique et » moyennant une juste et *préalable indemnité.* »

LOI DU 3 MAI 1841
sur l'expropriation pour cause d'utilité publique.

« Art. 53. — Les indemnités réglées par le jury se- » ront *préalablement à la* prise de possession, acquittées » entre les mains des ayants droits. »

211 — Aucun texte n'ayant supprimé la loi de 1791, — disent les partisans de ce système — les lois des 8 mars 1830, 7 juillet 1833, 3 mai 1841 n'ayant confirmé la nécessité d'une indemnité préalable que dans le cas où le propriétaire est dépossédé entièrement, enfin l'article 48 de la loi de 1807 ne visant que la suppression des usines et les articles 55 et suivants réglant le mode de fixation de l'indemnité, sans indiquer à quelle époque elle sera payée, il en résulteque la loi de 1791 est toujours en vigueur (Christophle, t. 2, n° 448-1862 et n° 2184-1890).

212 — Au contraire, disent les partisans de la négative, l'article 48 de la loi du 16 septembre 1807 a abrogé et la disposition de la loi de 1791 exigeant le paiement préalable de la valeur des matériaux à extraire, et l'article 545 imposant également une indemnité préalable en cas d'expropriation. (*Serrigny*).

En outre, les extractions de matériaux étant réglées par les articles 55 et suivants de la loi du 16 septembre 1807, et ces articles n'imposant pas l'obligation du paiement de l'indemnité avant l'extraction, son silence équivaut à l'abrogation de la loi de 1791. (*Dufour*).

213 — « L'indemnité doit-elle être préalable, — dit » M. Aucoc (*Droit administratif*, t. 2, n° 775-1886), — on » l'a soutenu en se fondant sur l'article 1er, section VI » de la loi du 28 septembre 1791, mais *cela est impraticable* et l'on peut ajouter que la législation postérieure » a *implicitement* abrogé cette règle. »

214 — La vérité est que la loi de 1791 n'a jamais été abrogée, mais comme elle s'applique spécialement aux chemins ruraux et qu'elle est en effet absolument impraticable pour les grands travaux publics, il faut reconnaître que le paiement préalable de l'indemnité est impossible.

Il est facile de comprendre quelles inexactitudes d'appréciation et quelles difficultés pratiques produirait l'évaluation par avance du préjudice *à causer* et de l'indemnité correspondante. Les considérations pratiques les plus puissantes sont donc ici d'accord avec la jurisprudence.

215 — C'est ce qu'ont déclaré le Conseil d'Etat (arrêts des 17 juin 1834, *Dupont;* 20 juin 1839, *Gréban;* 13 avril 1850, *Rouillé;* 23 juillet 1857, *Gouzons;* la cour de cassation (arrêts des 4 mars 1825 et 12 août 1848, *Molé*) et la plupart des auteurs (Aucoc, Christophle, Auger, Perriquet).

216 — Cette jurisprudence administrative et civile a été confirmée par le décret du 8 février 1868 qui, dans son article 7, autorise l'occupation du terrain et l'extraction immédiatement après les constatations prescrites, « *tous les droits des propriétaires étant réservés, en ce* » *qui concerne le règlement de l'indemnité.* »

217 — Cette disposition fait évidemment cesser toute équivoque en tranchant négativement la question de savoir si l'indemnité doit être payée préalablement aux travaux.

218 — « Il résulte de l'économie du décret du » 8 février 1868, affirment Chatignier et son continua- » teur Barry (*Commentaires des clauses et conditions* » *générales imposées aux entrepreneurs des ponts et* » *chaussées* 1881, page 73), que le propriétaire ne peut » exiger le paiement *préalable* de son indemnité. C'est ce » que jugeait déjà le Conseil d'Etat (13 avril 1850, » *Bouillé;* 28 janvier 1864, *Dupont*).

» L'indemnité préalable n'existe qu'en manière d'ex- » propriation proprement dite. »

219 — L'arrêt ci-après est venu donner une consécration suprême à cette opinion.

Arrêt du 25 mars 1881. — *Compagnie des chemins de fer du midi. C. Noell, Moret et autres.*

« Considérant que l'arrêté attaqué décide qu'il est ac- » cordé aux treize propriétaires ci-dessus dénommés, de la » commune d'Argelès-sur-Mer, comme indemnité pour » l'extraction du ballast nécessaire à l'établissement du » chemin de fer entre Port-Vendre et la frontière d'Espa- « gne, les sommes ci-dessous relatées montant ensemble » à 51.564 francs; que ces indemnités comprennent, d'une » part, la valeur de tous les arbres fruitiers et de haute » futaie existant sur ces terrains et qu'il pourra être né- » cessaire d'abattre, d'autre part les dommages de toute » sorte qui seront causés par l'occupation des terrains de » l'extraction du ballast;

« Mais considérant que l'expertise à laquelle il a été » procédé *antérieurement* à l'occupation des terrains en » exécution de l'art. 5 du décret du 8 février 1868, n'a- » vait pas pour objet d'évaluer dès à présent l'ensemble » des dommages pour lesquels les indemnités précitées » ont été fixées ; que cette expertise avait pour but, aux » termes des articles 5 et 7: 1° de constater l'état des » terrains dont l'occupation était autorisée afin d'éva- » luer *ultérieurement* la dépréciation des terrains et le » chiffre des dommages ; 2° de faire l'estimation des » arbres fruitiers et de haute futaie existant sur ces » terrains, et qu'il pourrait être nécessaire d'abattre.

» Considérant que les propriétaires intéressés pou- » vaient seulement, ensuite de l'expertise et par appli- » cation du décret précité, demander soit *après l'exécution* » *des travaux,* soit *après chaque campagne* le règlement » des indemnités auxquelles ils auraient alors droit, pour » les dommages effectivement subis à ce moment, y » compris la valeur des arbres précédemment estimés et » qui seraient alors enlevés ; et que c'est seulement alors » que le conseil de préfecture aurait pu fixer le montant » desdites indemnités, après une nouvelle constatation, » conformément à l'art. 8 du décret du 8 février 1868, » pour reconnaître l'état des lieux et vérifier notamment » si tout ou partie des arbres, dont l'estimation a été » précédemment faite, ont été enlevés ;

» Considérant qu'il résulte de ce qui précède que c'est » à tort que le conseil de préfecture a décidé qu'il se- » rait accordé jusqu'à présent aux propriétaires ci-dessus » dénommés, les indemnités fixées par l'arrêté attaqué ; qu'il » y a lieu dès lors d'annuler ledit arrêté, et de décider que » la Compagnie du Midi aura droit au remboursement des » sommes qu'elle aurait payées en exécution dudit arrêté, » avec intérêt à partir de la demande, sauf auxdits pro- » priétaires à faire régler annuellement, après chaque » campagne, leurs droits à indemnité dans les formes du » décret du 8 février 1868. — (Arrêté annulé, sauf en ce » qui concerne les frais d'expertise qui demeureront à la

» charge de la Compagnie du Midi. Les propriétaires » dénommés rembourseront à la Compagnie du Midi les » sommes qui leur auraient été payées par celle-ci en » exécution de l'arrêté précité, avec les intérêts à partir » du 18 novembre 1878, jour de la demande desdits » intérêts, si la compagnie justifie du paiement desdites » sommes antérieurement à cette date. Surplus des con- » clusions rejeté. Les dépens à la charge des propriétaires » ci-dessus dénommés.) »

220 — L'article 8 du décret de 1868 contient une exception confirmant encore ce principe: « *après l'achè-* » *vement des travaux*, dispose-t-il, et s'ils doivent durer » plusieurs années, *à la fin de chaque campagne*, il est » fait une nouvelle constatation de l'état des lieux. »

221 — Avant ce décret, le Conseil d'État décidait du reste, que dans ce dernier cas le propriétaire n'était pas obligé d'attendre plusieurs années pour obtenir la réparation du dommage qu'il subissait. (Arrêts des 16 juin 1861, *Roubière;* 28 juin 1864, *Dupont.*)

222 — Quoique l'article 8 du décret de 1868 ne parle que *d'une nouvelle constatation* à la fin de chaque campagne, tous les auteurs sont d'accord sur ce point: *qu'à la fin de chaque année le propriétaire peut demander le règlement et* LE PAIEMENT *de l'indemnité qui lui est due pour la campagne écoulée.* (Perriquet, t 2, n° 1116 — Aucoc, t. 2, n° 775 — Christophle et Auger, t. 2, n° 2186.)

223 — Le Conseil d'Etat a consacré souverainement ce principe dans les deux décisions suivantes:

ARRÊT DU 12 DÉCEMBRE 1874. — *Chemin de fer du Midi. — C. de Monda.*

« *En ce qui concerne les dispositions de l'arrêté atta-* » *qué qui décide qu'il sera procédé au règlement de l'in-* » *demnité due, depuis le jour de l'occupation des terrains,* » *aux sieurs de Monda et autres:* — Considérant que, aux » termes de l'article 8 du décret ci-dessus visé du 8 fé-

» vrier 1868, si les travaux, à raison desquels une occu-
» pation temporaire de terrains a été autorisée, doivent
» durer plusieurs années, *il est fait à la fin de chaque*
» *campagne, une nouvelle constatation des lieux, et il est*
» *procédé à l'évaluation de l'indemnité;* que si cette
» indemnité peut n'être que partielle, en ce sens qu'elle
» ne peut s'appliquer qu'aux dommages déjà subis, et
» qui peuvent être appréciés dès ce moment, elle doit
» comprendre la réparation totale de ces dommages, et
» ne doit pas simplement consister dans une indemnité
» pour privation de jouissance, ainsi que le soutient à
» tort la Compagnie des chemins de fer du Midi; que le
» conseil de préfecture s'est conformé à ces principes,
» en déterminant les divers dommages que les experts
» auraient à apprécier, et qu'il n'y a pas lieu, dès lors,
» de réformer son arrêté sur ce point. »

Arrêt du 25 mars 1881 — *(cité plus haut).*

« Considérant que les propriétaires intéressés pou-
» vaient seulement, ensuite de l'expertise et par applica-
» tion du décret précité (8 février 1888), demander soit
» après l'éxécution des travaux, *soit après chaque campa-*
» *gne*, le règlement des indemnités auxquelles ils auraient
» alors droit, *pour les dommages effectivement subis à ce*
» *moment.* »

Le principe est donc désormais certain.

§ II

COMMENT SONT FIXÉES LES INDEMNITÉS

224 — Comme nous l'avons indiqué, l'indemnité peut être réglée :

I. Soit amiablement entre l'entrepreneur et le propriétaire ;

II. Soit par le conseil de préfecture en cas de difficulté.

Chacun de ces cas est à examiner séparément.

I. Règlement amiable

225 — Le règlement d'accord, des conditions de l'extraction des matériaux et du montant de l'indemnité peut se faire à n'importe quel moment entre le propriétaire et l'entrepreneur.

226 — Il peut donc avoir lieu :

Au début de la prise de possession, pour le règlement de l'indemnité annuelle, après l'expiration de chaque année, lorsque les fouilles durent plusieurs années;

Après l'extraction, pour le montant de l'indemnité définitive.

227 — C'est le mode de règlement désiré et recommandé à l'entrepreneur par l'administration.

« Toutes les fois, — dit la circulaire du ministre des tra-
» vaux publics du 15 février 1868 — que l'entrepreneur
» pourra se mettre d'accord avec le propriétaire, et il faut
» désirer que cet accord ait lieu dans le plus grand nom-
» bre des cas, aucune difficulté ne peut s'élever; seule-
» ment il est nécessaire que l'entrepreneur présente, lors-
» qu'il en est requis par les ingénieurs, le consentement
» écrit du propriétaire.

228 — En cas d'arrangement amiable, un acte écrit, régulier, constatant la convention est indispensable; il est fait sous la forme des sous-seings privés échangés en double, si les deux parties savent signer, ou par un acte authentique passé devant notaire, si l'une des parties est illétrée.

229 — En effet, non seulement l'entrepreneur est obligé de représenter la convention à l'administration toutes les fois qu'il en est requis (art. 3 du décret de 1868), mais encore la preuve de cette convention est indispensable pour éviter des difficultés avec les tiers.

230 — Il a été décidé que :

Ces conventions font la loi des parties et de leurs

représentants ou successeurs auxquels les bases de l'indemnité posées doivent être appliquées. (Arrêts du Conseil d'Etat des 28 juin 1837, *Papault;* 19 juillet 1854, *Lion*).

231 — Mais que pour que ces conventions soient opposables aux acquéreurs, il faut qu'elles aient une date certaine — c'est-à-dire soient enregistrées — avant la vente. (Arrêt du Conseil d'Etat du 21 juillet 1824, *Bourdon*).

232 — Que l'allégation d'une convention qui ne peut être prouvée par écrit est insuffisante. (Arrêts du conseil d'Etat du 2 juin 1876, *Abougit*, et du tribunal des conflits du 10 février 1877, *Faidides*).

« Considérant, dispose l'arrêt Abougit, qu'en admettant
» l'existence d'un engagement par lequel les sieurs
» Brunet, Varigard et Cie se seraient obligés à payer au
» sieur Abougit la valeur de matériaux extraits et dont
» *celui-ci d'ailleurs ne rapporte pas la preuve,* il n'appar-
» tient pas au conseil de préfecture d'en connaître. »

233 — Qu'enfin, l'arrangement doit être fait avec le propriétaire ou son représentant légal, et non avec le fermier et le locataire pouvant être désavoués. (Arrêt du Conseil d'Etat du 21 janvier 1869, *Audigué*.)

234 — Lorsqu'une convention régulière a été passée avec le propriétaire, s'il survient des difficultés sur son application ou son interprétation, c'est le tribunal civil qui est seul compétent et les règles du droit civil sont applicables.

235 — L'importance de l'acte est donc considérable, puisqu'il a pour effet de changer les attributions de juridiction, en dessaisissant le conseil de préfecture pour saisir le tribunal civil.

Mais pour que cette conséquence arrive, il faut que la convention soit régulière et représentée.

236 — Dans le cas contraire, la juridiction administrative resterait alors compétente.

237 — C'est ce qu'a décidé le conseil d'Etat dans l'arrêt du 2 juin 1876, *Abougit.*

« Considérant, d'autre part, qu'en admettant l'existence » d'un engagement par lequel les sieurs Brunet, Varigard » et Cie se seraient obligés à payer au sieur Abougit la » valeur des matériaux extraits, et *dont celui-ci d'ailleurs* » *ne rapporte pas la preuve*, il n'appartenait pas au » conseil de préfecture d'en connaître; que dans ces circonstances c'est avec raison que le conseil de préfecture » a refusé de faire entrer en compte.... la valeur des matériaux extraits. »

238 — Et le tribunal des conflits a consacré cette jurisprudence par son arrêt du 10 février 1877, *Faidides contre la Ville de Bourgoin* : « Considérant que si le sieur » Faidides allègue que l'adjoint au maire lui aurait écrit » avant l'exécution des travaux, que la ville lui tiendrait » compte de l'indemnité qui lui serait due pour le chômage de son usine, et *qu'en outre l'indemnité aurait été* » *fixée verbalement à la somme de 500 francs, cette allégation n'est pas de nature* à changer le caractère de la » contestation engagée entre l'usinier et la ville à l'occasion de l'exécution de travaux publics régulièrement » autorisés, et *à modifier la compétence établie par la loi* » *précitée.* »

II. Règlement de l'indemnité par le conseil de préfecture

239 — A défaut d'accord avec le propriétaire, il y a lieu de procéder au règlement de l'indemnité conformément aux règles sur la matière.

240 — Aux termes de l'article 56 de la loi du 16 septembre 1807 :

« Les experts pour l'évaluation des indemnités rela-

» tives à une occupation de terrain seront nommés *pour*
» *les objets de travaux de grande voirie, l'un par le*
» *propriétaire, l'autre par le préfet et le tiers-expert, s'il*
» *en est besoin, sera de droit l'ingénieur en chef du dépar-*
» *tement.*

» Lorsqu'il y aura des concessionnaires, *un expert sera*
» *nommé par le propriétaire, un par le concessionnaire,*
» *et le tiers-expert par le préfet.*

» Quant aux travaux des villes, *un expert sera nommé*
» *par le propriétaire, un par le maire de la ville ou*
» *arrondissement pour Paris et le tiers-expert par le*
» *préfet.*

« *Il est procédé conformément à l'article 56 de la loi*
» *du 16 septembre 1807.*

« Art. 9. — Lorsque les travaux sont exécutés directe-
» ment par l'administration, sans l'intermédiaire d'un
» entrepreneur, il est procédé comme il a été dit ci-après,
» mais alors..... *l'expert* chargé de constater l'état des
» lieux contradictoirement avec celui du propriétaire *est*
» *nommé par le préfet.* »

241 — D'après la loi du 20 août 1881 sur les chemins ruraux :

« Art. 14. — Lorsque des extractions de matériaux,
» des dépôts ou enlèvements de terre sont nécessaires
» pour les travaux de réparation ou d'entretien des che-
» mins ruraux, il est procédé à la fixation de l'indemnité
» conformément à l'art. 17 de la loi du 21 mars 1836. »

L'article 17 de la loi du 21 mars 1836 porte :

« Si l'indemnité ne peut être fixée à l'amiable, elle
» sera réglée par le conseil de préfecture, sur le rapport
» d'experts nommés, l'un par le sous-préfet, et l'autre
» par le propriétaire.

» En cas de désaccord, le tiers-expert sera nommé par
» le conseil de préfecture. »

242 — Suivant l'art. 23 des clauses et conditions

générales imposées aux entrepreneurs des travaux militaires, cahier du 17 juillet 1889 :

« L'entrepreneur paye sans recours contre l'administration, *et en se conformant aux lois et règlements sur la matière*, tous les dommages qu'ont pu occasionner la prise ou l'extraction, le transport et le dépôt des matériaux. »

243 — Mais la loi du 22 juillet 1889 sur la procédure administrative est venue simplifier toutes ces dispositions par les articles suivants :

» Art. 13. — Le conseil de préfecture peut, soit d'office, soit sur la demande des parties ou de l'une d'elles, ordonner avant de faire droit, qu'il sera procédé à une expertise sur les points déterminés par sa décision.

» En matière de dommages résultant de l'exécution des travaux publics, ou de subventions spéciales pour dégradations extraordinaires aux chemins vicinaux, l'expertise doit être ordonnée, si elle est demandée par les parties ou par l'une d'elles, pour faire vérifier les faits qui servent de base à la réclamation.

« Art. 14. — L'expertise sera faite *par trois experts*, à moins que les parties ne consentent qu'il y soit procédé par un seul.

« Dans ce dernier cas, l'expert est nommé par le conseil, à moins que les parties ne s'accordent pour le désigner.»

» Si l'expertise est confiée à trois experts, l'un d'eux est nommé par le conseil de préfecture, et chacune des parties est appelée à nommer son expert.

« Art. 17. — Les fonctionnaires qui ont exprimé une opinion dans l'affaire litigieuse, ou qui ont pris part aux travaux qui donnent lieu à une réclamation, ne peuvent être désignés comme experts.

» Les règles établies par le code de procédure civile pour la récusation des experts sont applicables, dans le cas où les experts sont désignés d'office par le conseil de préfecture.

» La récusation doit être proposée dans les huit jours

» de la notification de l'arrêté qui a désigné l'expert. Elle » est jugée d'urgence. »

244 — Il résulte de ces nouvelles dispositions qu'en matière de dommages causés par l'exécution des travaux publics, notamment par les fouilles ou l'extraction des matériaux :

I — *L'expertise est obligatoire* et doit être ordonnée toutes les fois qu'elle est demandée.

Ainsi le Conseil d'État (statuant au contentieux), sous la présidence de M. le président Berger, dans sa séance du 7 juin 1889 a jugé que :

1° Lorsqu'à l'occasion d'une extraction de matériaux pour travaux publics, il y a contestation sur le point de savoir si le terrain occupé était à l'état de carrière en exploitation, la solution de cette question doit être reportée au moment du règlement définitif de l'indemnité. C'est donc à tort que le conseil de préfecture sera saisi de la question pour la trancher dès le début de la campagne.

2° En cas de désaccord, cette question ne peut être tranchée par le conseil de préfecture qu'après une expertise et une tierce-expertise, qui ne sauraient être, à aucun degré, suppléées par les constats faits au début et à la fin de chaque campagne.

Voici dans quelles circonstances.

Le premier recours était dirigé par les sieurs Genève et Laferrère, entrepreneurs de travaux publics sur le chemin de fer de Sablé à Redon, contre un arrêté par lequel le conseil de préfecture de la Mayenne avait décidé que la propriété, dite du Buron, appartenant au sieur Grégoire, devait être considérée comme une carrière en exploitation, au moment de l'occupation temporaire pratiquée par les requérants, en vertu d'un arrêté préfectoral.

C'était au début de la campagne que le propriétaire avait demandé au conseil de préfecture cette constatation.

Or, il résulte au contraire de la décision du Conseil d'État que cette constatation était prématurée, et qu'elle ne pouvait faire l'objet d'un arrêté du conseil de préfecture qu'au moment du règlement définitif de l'indemnité. L'arrêt du Conseil d'État est conçu en ces termes :

« Considérant que l'article 7 du décret du 8 février 1868 autorise l'entrepreneur à occuper le terrain désigné dans l'arrêté préfectoral, immédiatement après la constatation de l'état des lieux prescrite par les articles 4 et 5 du même décret, tous droits du propriétaire demeurant réservés en ce qui concerne le règlement de l'indemnité ; et que l'article 8 du même décret dispose qu'après l'achèvement des travaux ou, s'ils doivent durer plusieurs années, après chaque campagne il est fait une nouvelle constatation des lieux et qu'à défaut d'accord entre l'entrepreneur et le propriétaire pour l'évaluation partielle ou totale de l'indemnité, il est procédé à une expertise, conformément à l'article 56 de la loi du 16 septembre 1807;

» Considérant qu'il résulte de ces dispositions que c'est au moment du règlement de l'indemnité totale ou partielle à lui due, et non à la suite du constat ordonné par l'article 5 précité que le propriétaire peut réclamer la valeur des matériaux extraits, en justifiant que le terrain occupé était à l'état de carrière en exploitation ;

» Considérant qu'il résulte de l'instruction que le sieur Grégoire, aussitôt après l'accomplissemsnt des formalités prescrites par les articles 4 et 5 du décret du 8 février 1868, s'est pourvu devant le conseil de préfecture, à la seule fin de faire déclarer que le terrain occupé sur sa propriété contenait une carrière en exploitation ; que, dans ces circonstances, il n'était pas recevable à discuter, en ce moment, devant le conseil de préfecture le sens et la portée des constatations préliminaires auxquelles il venait d'être procédé, et qu'ainsi c'est à tort que le conseil de préfecture a statué au fond sur ladite réclamation ;

» Décide :

» L'arrêté du conseil de préfecture est annulé. »

Le second recours était dirigé contre un arrêté par lequel le même conseil de préfecture avait décidé que la propriété contenait une carrière en exploitation, sans préalablement ordonner une expertise ; le conseil de préfecture avait cru à tort pouvoir considérer comme suppléant cette expertise, des constats faits au début et à la fin de la campagne. Le Conseil d'État a, dans les termes suivants, annulé l'arrêté attaqué :

« Considérant qu'aux termes de l'article 8 du décret du 8 février 1868, il est fait, après l'achèvement des travaux, une constatation de l'état des lieux, et qu'à défaut d'accord entre l'entrepreneur et le propriétaire pour l'évaluation partielle ou totale de l'indemnité, il est procédé conformément à l'article 56 de la loi du 16 septembre 1807 :

» Considérant que l'accord n'ayant pu s'établir entre les requérants et le sieur Besnier lors de la constatation de l'état des lieux prévue par l'article 8 précité du décret du 8 février 1868, il y avait lieu à l'application de l'article 56 de la loi du 16 septembre 1807 ; qu'en cet état de l'affaire, il n'appartenait pas au conseil de préfecture de décider, avant qu'il eût été procédé à l'expertise prescrite par l'article 56 de la loi du 16 septembre 1807, que le terrain du sieur Besnier contenait une carrière en exploitation ni de condamner dès à présent les parties en présence à payer les frais des constats qui, devant servir d'éléments d'appréciation pour le calcul ultérieur de l'indemnité due au propriétaire, ne peuvent être liquidés que lors du règlement de ladite indemnité ;

» Décide : L'arrêté du conseil de préfecture de la Mayenne est annulé. »

245 — Toutefois le conseil de préfecture a le droit de refuser l'expertise :

Si la demande doit être rejetée par une fin de non-recevoir indépendante de toute vérification;

Si les faits allégués, en les supposant établis, ne sont pas de nature à justifier la réclamation.

Dans ces deux cas, l'expertise est en effet absolument inutile.

» Mais il est bon de rappeler, — dit le rapport som-

» maire de la deuxième Commission chargée d'examiner » la proposition de loi de MM. Lisbonne et Clément, fait » au Sénat dans la séance du 8 juin 1888, — que même » dans les matières où l'expertise est obligatoire, comme » par le passé, le conseil de préfecture n'est pas tenu de » l'ordonner, si la demande doit être rejetée par une fin » de non recevoir indépendante de toute vérification, ou » si les faits allégués, en les supposant établis, ne sont » pas de nature à justifier la réclamation. »

246 — II — L'expertise doit être faite par trois experts nommés comme suit :

Chacune des parties désigne son expert, et elles nomment d'accord le troisième ;

Si elles ne peuvent se mettre d'accord sur ce choix, c'est le conseil de préfecture qui choisit le troisième expert.

247 — Mais les parties peuvent également consentir à ce qu'il soit procédé par un seul expert.

Dans ce cas, elles se mettent d'accord sur son choix, sinon le conseil de préfecture le désigne.

248 — Il est également hors de doute que lorsqu'il y a plusieurs parties en cause, chacune d'elles, quelqu'en soit le nombre, a le droit de choisir son expert et doit être invitée à le faire. (Circulaire du ministre des travaux publics du 31 juillet 1890.)

249 — III — La désignation de l'expert de l'administration, État, Ville ou Commune, est faite comme par le passé, conformément aux lois sur la matière, précédemment citées.

250 — IV — La tierce-expertise est supprimée.

251 — V — Et enfin :

D'abord les fonctionnaires qui ont exprimé une opinion dans l'affaire litigieuse ou qui ont pris part aux travaux qui donnent lieu à une réclamation, ne peuvent être désignés comme experts, ce qui abroge le monstrueux article 56 de la loi du 16 septembre 1807, ensuite les règles établies par le code de procédure civile pour la récusation des experts sont applicables, dans le cas où les experts sont désignés d'office par le conseil de préfecture.

252 — C'est ce qu'a décidé le Conseil d'État.

Arrêt du 28 mars 1890. — *Compagnie d'Orléans c. Carayon et autres.*

« Considérant que par décision, en date du 19 juin 1882, » le ministre des travaux publics avait confié à la Compagnie des chemins de fer d'Orléans l'exécution des » travaux d'agrandissement de la gare de Cahors, à la » charge de l'État ; qu'aux termes de cette décision » lesdits travaux devaient être faits sous le contrôle des » ingénieurs chargés de la construction de la ligne de » Montauban à Brive, moyennant le remboursement à » ladite Compagnie de la dépense réellement faite et » justifiée sur la production de mémoires dûment vérifiés ; qu'ainsi la Compagnie des chemins de fer d'Orléans a exécuté les travaux d'agrandissement de la » gare de Cahors, non comme concessionnaire de la ligne » de Libos à Cahors, mais comme entrepreneur, pour le » compte de l'État constructeur de la ligne de Montauban à Brive ; — que, dans ces circonstances, le conseil de préfecture étant saisi de la demande des sieurs » Carayon, Pouzergues et autres en règlement de l'indemnité à eux due pour l'occupation temporaire des » terrains nécessaires aux travaux dont il s'agit, le tiers-expert à la suite du désaccord des experts, devait être, » aux termes de l'article 56 de la loi du 16 septembre 1807, l'ingénieur en chef des ponts-et-chaussées du » service intéressé ; que, dès lors, il ne pouvait appartenir au conseil de préfecture de désigner le sieur » Aldebert, notaire à Douelle, comme tiers-expert.

» Mais considérant que la loi du 22 juillet 1889, en » disposant, par son article 14 que l'expertise devant » les conseils de préfecture doit être faite par trois

» experts, à moins que les parties ne consentent qu'il y » soit procédé par un seul, a abrogé l'article 56 ci-dessus » rappelé de la loi du 16 septembre 1807; qu'il suit de » là qu'il n'y a lieu de renvoyer les parties devant le » conseil de préfecture pour y être statué après une » nouvelle expertise; que, d'ailleurs, la Compagnie » requérante n'a conclu devant le Conseil d'État à aucune » vérification complémentaire en dehors de l'application » dudit article 56; et que les éléments d'appréciation » fournis par l'instruction, permet de statuer au fond. »

ARRÊT DU CONSEIL D'ÉTAT DU 14 MARS 1890. — *Danton et Vaccaro c. Arnaud et consorts.*

« Considérant qu'aux termes de l'article 56 de la loi » du 16 septembre 1807, qui était en vigueur avant la » loi du 22 juillet 1889, en cas de désaccord entre les » experts chargés d'évaluer les dommages causés par les » travaux de grande voirie exécutés par l'État, le tiers- » expert est de droit l'ingénieur en chef, chargé de la » direction des travaux dont s'agit; que, dès lors, en pré- » sence du désaccord des experts chargés d'évaluer les » indemnités réclamées par les sieurs Arnaud et con- » sorts, en raison des dommages qui auraient été causés » à leur propriété par l'extraction de matériaux effec- » tuée à l'occasion des travaux adjugés aux entrepre- » neurs Danton et Vaccaro, il ne pouvait appartenir au » conseil de préfecture de désigner le sieur Nourié, archi- » tecte, comme un tiers-expert; que l'irrégularité com- » mise par ledit conseil ne saurait être couverte par la » présence des parties aux opérations de la tierce-exper- » tise et doit entraîner l'annulation de l'arrêté attaqué;

» Mais considérant que, par leurs conclusions déposées » devant le Conseil d'État, les sieurs Danton et Vaccaro » demandent que les parties soient renvoyées devant le » conseil de préfecture pour y être statué ce qu'il appar- » tiendra après une expertise régulière, et s'il y a lieu de » faire droit à leur demande par application de l'arti- » cle 13, § 2, de la loi du 22 juillet 1889. »

(Arrêté annulé.)

253 — Donc, en résumé, pour l'évaluation des dommages causés par l'extraction de matériaux destinés aux travaux publics: lorsque l'expertise obligatoire est ordonnée, les parties peuvent décider *qu'un seul expert* sera nommé et le choisir elles-mêmes, ou le laisser désigner par le conseil, si elles ne peuvent s'accorder sur ce choix.

Sinon, il est procédé à l'expertise par *trois experts* nommés d'accord par les parties, et en cas de désaccord, désignés comme suit :

I

254 — *Travaux de grande voirie, de chemins de fer, grands travaux publics, travaux des ponts-et-chaussées, travaux militaires.*

Un par le propriétaire.

Un par le préfet.

Le troisième par le conseil de préfecture.

II

255 — *Travaux des villes.*

Un par le propriétaire.

Un par le maire de la ville, ou de l'arrondissement pour Paris.

Le troisième par le conseil de préfecture.

III

256 — *Travaux des chemins ruraux et des chemins vicinaux.*

Un par le propriétaire.

L'autre par le sous-préfet.

Le troisième par le conseil de préfecture.

§ III

ÉVALUATION DE L'INDEMNITÉ

257 — L'indemnité à payer se compose de deux éléments :

1° Le dommage causé au propriétaire par suite de la privation de jouissance, du changement d'état des lieux et du préjudice qui en résulte;

2° La valeur des matériaux extraits.

1° Dommage causé

258 — Pour le premier, aucune difficulté ne s'élève, et l'art. 55 de la loi de 1807 en pose les bases en ces termes : « Les terrains occupés pour prendre les ma-» tériaux nécessaires aux routes ou aux constructions » publiques, pourront être payés aux propriétaires comme » s'ils eussent été pris pour la route même. »

259 — L'indemnité doit comprendre tous les dommages éprouvés par le propriétaire, c'est-à-dire :

La dépréciation causée à la propriété. (Arrêt du Conseil d'État du 10 avril 1860, *Chemin de fer du Nord.*)

Les dépenses faites par le propriétaire, notamment pour ramasser les matériaux enlevés. (Arrêt du 27 mai 1848, *Mallet.*)

La privation de jouissance.

Et le préjudice qui résulte des travaux quelle qu'en soit la nature.

260 — Et cela se comprend, puisque l'extraction de matériaux n'est que la violation du droit de propriété avec la circonstance atténuante que c'est dans un but d'utilité publique.

261 — L'administration doit donc réparer strictement tout le préjudice qu'elle cause; mais il faut que les dommages soient matériels et la *suite directe et immédiate des extractions.*

Dans ce cas, indemnité est due. (Arrêts du Conseil d'Etat des 29 mars 1855, 26 avril 1855, 18 juillet 1857.)

262 — Ainsi il y a lieu à indemnité dans les cas de:

Dégradation du sol,

Suppression des récoltes,

Enlèvement d'arbres,

Bris de clôture,

Suppression ou établissement de chemins,
Débris jetés ou entraînés sur les terrains voisins, etc.

263 — Il faudrait également, suivant nous, accorder une indemnité lorsque des travaux causent des maladies ou établissent des foyers insalubres.

264 — Ainsi il a été décidé qu'il y a lieu à indemnités quand, par suite d'emprunt, des eaux stagnantes se sont amassées, et ont causé des maladies ou des fièvres. (Arrêt du Conseil d'État du 29 mars 1855 — *Compagnie du chemin de fer d'Avignon à Marseille, contre Chaine.*

Le ministre des travaux publics, dans l'espèce, soutenait que le préjudice causé ne pouvait pas être considéré comme direct et matériel; qu'il n'était qu'une conséquence indirecte des travaux, et que par suite il n'y avait pas lieu à indemnité.

Mais le Conseil d'État a décidé:

« Considérant qu'il y a lieu de joindre les pourvois pour » y être statué par un seul décret.

» Au fond: — Considérant qu'il résulte de l'instruc- » tion que les fièvres d'accès dont le sieur Chaine et sa » famille ont, pendant plusieurs années, subi les atteintes, » ont eu pour cause la stagnation des eaux réunies dans » les chambres d'emprunt creusées à 130 mètres environ » de leur habitation, pour y prendre les terres destinées » aux remblais du chemin de fer d'Avignon à Marseille;

» Considérant que la Compagnie concessionnaire de ce » chemin a négligé de faire les travaux qui devaient » procurer l'écoulement de ces eaux; que dans ces cir- » constances, c'est avec raison que le conseil de préfec- » ture du département des Bouches-du-Rhône a con- » damné ladite Compagnie à payer au sieur Chaine une » indemnité de 1,500 francs, et a mis à sa charge les » frais de l'instance;

» Article 1er. — La requête présentée par la Compa- » gnie du chemin de fer d'Avignon à Marseille est rejetée;

» Art. 2. — La Compagnie du chemin de fer d'Avignon » à Marseille est condamnée aux dépens;

2° VALEURS DES MATÉRIAUX EXTRAITS

265 — Il faut faire une distinction établie par la loi: Si les matériaux sont extraits d'une carrière découverte par l'entrepreneur, le prix des matériaux extraits n'est pas dû.

Si au contraire ils sont pris dans une carrière en exploitation ou ayant été exploitée, ils doivent être payés.

266 — Cela résulte de l'article 55 de la loi de 1807.

« Il n'y aura lieu, — dit le second § de cet article — à » faire entrer dans l'estimation la valeur des matériaux à » extraire *que dans le cas où on s'emparerait d'une car-* » *rière déjà en exploitation*, alors les dits matériaux seront » évalués d'après leur prix courant, abstraction faite de » l'existence et des besoins de la route pour laquelle ils » seraient pris ou des constructions auxquelles on les des- » tine. »

267 — Cette disposition toute dans l'intérêt évident de l'administration a été vivement critiquée.

D'abord elle est en contradiction avec l'article 552 du code civil ainsi conçu:

« La propriété du sol emporte la propriété du dessus et » du dessous.

» Le propriétaire peut faire au dessus toutes les plan- » tations et constructions qu'il juge à propos, sauf les » exceptions établies au titre des *Servitudes ou Services* » *fonciers*.

» Il peut faire *au dessous* toutes les constructions et » fouilles qu'il jugera à propos, et tirer de ces fouilles tous » produits qu'elles peuvent fournir, sauf les modifications » résultant des lois et règlements relatifs au mines et des » lois et règlements de police. »

268 — Ensuite, la distinction faite par l'article 55 entre le cas où la carrière a été ou n'a pas été exploitée par le propriétaire avant l'arrêté de désignation est absolument arbitraire, puisque dans les deux cas on enlève au propriétaire *quelque chose qui lui appartient* et que cependant on ne le paie que s'il en a profité en partie.

Et enfin, il est impossible de comprendre comment la loi du 21 avril 1810 portant que l'acte de concession « règle les droits des propriétaires de la surface sur le » produit des mines concédées » et obligeant le concessionnaire à payer au propriétaire du terrain sous lequel il creuse la mine une redevance équitable déterminée par des règles précises, le propriétaire n'a droit à aucune indemnité lorsque l'administration vient creuser son terrain et en extraire des matériaux qui lui appartiennent.

269 — Aussi de nombreux projets de loi ont ils été déposés pour donner satisfaction aux justes plaintes des propriétaires.

270 — Dès 1827, M. D'Orvillers présenta des observations et le besoin d'une réforme, sur ce point, à la Chambre de Paris. MM. de Talhouet et Martel en 1867, M. Cristophle en 1871, M. Levêque en 1876 et 1878, M. Petitjean en 1881 déposèrent des propositions de loi pour faire estimer l'indemnité due au propriétaire dont le terrain est fouillé, par un jury spécial en modifiant l'article 55 de la loi de 1807. Mais quoique une commission ait élaboré en 1884 un projet, qui n'a pas été discuté, l'article 55 est toujours applicable et constitue le droit actuel.

271 — Le seul palliatif qu'y apportent les tribunaux, c'est de se montrer très faciles et très larges dans la reconnaissance du droit à indemnité et dans l'évaluation de son importance.

272 — Sous le régime actuel, les seuls matériaux pris dans une carrière en exploitation étant payés, il y a lieu d'examiner:

1ent Quand il y a carrière;
2ent Quand il y a exploitation;

I^ent Quand il y a-t-il carrière

273 — D'après la loi du 21 avril 1810 sur les mines, minières et carrières, article 4: « Les carrières renferment » les ardoises, les grès, pierres à bâtir et autres, les mar- » bres, granits, pierres à chaux, pierres à plâtre, les poz- » zolanes, le trass, les basaltes, les laves, les marnes, » craies, sables, pierre à fusil, argiles, kaolin, terres à » foulon, terres à poterie, les substances terreuses et les » cailloux de toute valeur, les terres pyriteuses regardés » comme engrais le tout exploité à ciel ouvert ou avec » des galeries souterraines. »

274 — La carrière est donc un amas ou dépôt de matériaux qui se trouvent dans le sol.

275 — On ne peut considérer comme carrières:

Des amas de sables et de moëllons apportés par la crue d'un fleuve sur les terrains riverains. (Arrêt du 23 janvier 1862, *Cantagrel*).

Les falaises bordant la basse Seine (20 août 1864, *de Villequier*.

La couche de gravier qui recouvre une propriété (14 mai 1870, *Crèvecœur*).

276 — Cependant le Conseil d'Etat a considéré comme carrière:

Des pierres prises à la surface du sol. (Arrêt du 16 avril 1870, *Raynaud*).

Et des galets apportés par la mer dont le propriétaire s'est approvisionné pour ses besoins, et dont il a autorisé l'enlèvement par des tiers.

Arrêt du 11 janvier 1878, *Cordier*.

« Considérant que le sieur Cordier soutient qu'antérieu- » rement aux arrêtés préfectoraux des 23 mars et » 8 mai 1872, autorisant la commune de Fouras à occuper » sa propriété pour y extraire et ramasser des pierres » destinées aux travaux des chemins vicinaux, il avait

» lui-même pris des galets sur ce terrain pour l'entretien
» de sa propriété, et en avait autorisé l'enlèvement soit
» par la commune de Fouras, soit par divers particuliers
» et qu'ainsi le terrain dont s'agit doit être considéré
» comme contenant une carrière en exploitation; que les
» faits allégués par le sieur Cordier lui donneraient droit,
» s'ils étaient justifiés, au prix des matériaux enlevés
» par la commune de Fouras en vertu des arrêtés précités;
» que, dans ces circonstances, c'est à tort que le Conseil
» de préfecture a homologué le rapport du 18 mars 1873,
» par lequel les premiers experts, qui n'avaient pas exa-
» miné cette question, ont proposé de fixer l'indemnité
» sans tenir compte de la valeur des matériaux; et qu'il
» y a lieu de décider que les experts nommés en exécu-
» tion de l'arrêté attaqué, devront vérifier les faits
» allégués par le sieur Cordier, et si l'existence en est
» reconnue, prendre pour base de l'indemnité la valeur
» des matériaux. »

277 — Mais des dunes situées au bord de la mer, que le propriétaire cesse d'exploiter, en manifestant l'intention de les transformer en terrains cultivés ne constituent pas une carrière. (Arrêt du 8 mars 1866, *Thibault*).

Il est bien évident que dans ces décisions le Conseil d'Etat s'est laissé guider par la question d'exploitation ou de non exploitation.

II[ent] Quand y a-t-il exploitation ?

278 — Suivant nous, on doit décider sans hésiter qu'il y a ou qu'il y a eu exploitation, car au point de vue légal les conséquences sont les mêmes, toutes les fois que le propriétaire soit par lui-même, soit par des tiers a constaté l'existence des matières et en a extrait une partie, ou a fait des travaux manifestant son intention de les extraire et constituant un commencement d'exploitation.

279 — Au début, le Conseil d'Etat se montrant très

sévère et appliquant strictement la loi décidait, que pour que la carrière fut considérée comme en exploitation, il fallait qu'elle fût exploitée *au moment même où l'arrêté de désignation était pris.* (Arrêts des 6 septembre 1813, *Lassale*, — et 21 juillet 1824, *Bourdon*).

« Considérant, — dit le premier de ces arrêts, — qu'on ne » peut réputer carrière en exploitation que *celle qui offre » au propriétaire un revenu assuré, soit qu'il l'exploite » régulièrement par lui-même et pour ses besoins, soit qu'il » en fasse un objet de commerce en l'exploitant régulière- » ment par lui-même ou pour autrui.* Que le Conseil de » préfecture en accordant au sieur Lassalle une indemnité » à laquelle il ne pouvait prétendre, aux termes de la loi » précitée, *que dans le cas où ses carrières eussent été en » exploitation régulière à l'époque de l'extraction faite » par l'entrepreneur* a évidemment contrevenu à l'esprit et » à la lettre de la loi. »

280 — Mais il ne persista pas dans cette voie aboutissant à des résultats aussi injustes que préjudiciables aux propriétaires et dès 1825, dans son arrêt du 13 juin, *Achet*, il décidait qu'aucune loi n'exige que l'exploitation soit régulière et actuelle, et qu'il suffisait pour qu'une indemnité fut dûe *que la carrière eût été mise en exploitation pour le compte du propriétaire avant les extractions de l'entrepreneur.*

281 — Depuis, il a constamment jugé qu'aux : « ter- » mes de l'article 55 de la loi du 16 septembre 1807, la » valeur des matériaux extraits doit être payée au pro- » priétaire lorsqu'ils ont été pris dans une carrière déjà » exploitée par lui ou pour son compte, sans qu'il soit » nécessaire que cette exploitation soit régulière et » actuelle. » (Arrêts des 3 mars 1826, *Gallichet;* 4 mai 1826, *Tiolier;* 12 août 1829, *Boirot;* 29 juin 1832, *Jouard;* 24 octobre 1834, *Tarbé des Sablons;* 7 juin 1836, *Brochet;* 30 novembre 1841, *Mercier;* 21 novembre 1849, *De Rely;* 3 mai 1850, *Debrousse;* 31 mai 1852, *Gasté;* 6 août 1856, *Mackensie;* 23 juillet 1857, *Espivent;*

31 janvier 1867, *Mongey*, et 19 mai 1876, *Bertrandon*.) Voici les termes de ce dernier arrêt :

ARRÊT DU 19 MAI 1876. — *Bertrandon*.

« Considérant qu'aux termes de l'article 55 de la loi » du 16 septembre 1807, lorsque des matériaux nécessaires » pour la confection de travaux publics sont pris dans une » carrière déjà en exploitation, l'indemnité à allouer au » propriétaire est fixée, non d'après la valeur de la super- » ficie des terrains fouillés, mais d'après le prix courant » des matériaux extraits ;

» Considérant que si l'état des lieux, dressé au moment » de l'occupation ne constate pas l'existence d'une carrière » en exploitation dans le terrain appartenant au sieur » Falaise, où le sieur Bertrandon avait été autorisé à » extraire des matériaux pour les travaux de construction » du chemin de fer de Limoges à Brive, il résulte » de l'instruction que ce terrain avait déjà été exploité en » carrière pour le compte de ce propriétaire ou de ses » auteurs, avant l'époque où les dites extractions ont eu » lieu ; que dans ces circonstances, c'est avec raison que » le Conseil de préfecture a décidé par application de » l'article 55 précité de la loi du 16 septembre 1807, que, » la valeur des matériaux extraits entrerait dans le » compte de l'indemnité due au sieur Falaise par le sieur » Bertrandon à raison des dites extractions. »

282 — C'est ainsi qu'il a assimilé l'enlèvement de galets déposés par la mer, à l'extraction de matériaux dans une carrière ouverte lorsque, avant l'arrêté d'occupation, le propriétaire utilisait ces galets pour l'entretien de ses propriétés et en autorisait la prise par une commune et des particuliers.

ARRÊT DU 11 JANVIER 1878 (déjà cité).

Cordier contre commune de *Fouras*.

« Considérant que le sieur Cordier soutient qu'anté- » rieurement aux arrêtés préfectoraux des 23 mars et » 8 mai 1872, autorisant la commune de Fouras à occuper » sa propriété pour y extraire et ramasser des pierres

» destinées aux travaux des chemins vicinaux, il avait » lui-même pris des galets sur ce terrain pour l'entretien » de sa propriété, et en avait autorisé l'enlèvement, soit » par la commune de Fouras, soit par divers particuliers ; » et qu'ainsi le terrain dont s'agit doit être considéré » comme contenant une carrière en exploitation ; que les » faits allégués par le sieur Cordier lui donneraient droit, » s'ils étaient justifiés, aux prix des matériaux enlevés par » la commune de Fouras en vertu des arrêtés précités; » que dans ces circonstances, c'est à tort que le Conseil » de préfecture a homologué le rapport du 18 mars 1873, » par lequel les premiers experts, qui n'avaient pas » examiné cette question, ont proposé de fixer l'indemnité » sans tenir compte de la valeur des matériaux et qu'il » y a lieu de décider que les experts nommés, en exécu- » tion de l'arrêté attaqué, devront vérifier les faits allé- » gués par le sieur Cordier et, si l'existence en est » reconnue, prendre pour base de l'indemnité la valeur » des matériaux. »

283 — Il faut que l'exploitation soit sérieuse. (Arrêt du 17 mai 1854, *Lebègue*).

284 — Et on ne peut considérer comme constituant l'exploitation sérieuse d'une carrière l'enlèvement de déblais.

Arrêt du 10 mars 1876. — *Commune de Gamaches* c. *Abt. et Cᵉ*.

« Considérant que d'après l'article 55 de la loi du » 16 septembre 1807 lorsqu'un entrepreneur de travaux » publics a été autorisé à extraire des matériaux dans le » terrain d'un propriétaire,il n'y a lieu de faire entrer » dans l'évaluation de l'indemnité due à ce propriétaire » la valeur des matériaux extraits, que dans le cas où il » s'agit d'une carrière déjà en exploitation ;

» Considérant qu'il résulte de l'instruction d'une part, » que la commune de Gamaches n'a jamais exploité les » matériaux qui se trouvent dans la partie de terrain que » les sieurs Abt. et Cᵉ ont été autorisés à occuper tempo-

» rairement ; que, si dans le voisinage de cette parcelle la » commune a effectué une certaine quantité de déblais » antérieurement aux extractions dont s'agit, il est établi » que ces déblais provenaient d'un dépôt de sable et de » cailloux fait à la suite du curage des cours d'eau et » fossés voisins, et que leur enlèvement n'a jamais eu le » caractère d'une exploitation règulière; qu'il résulte » également du procès-verbal de constatation de lieux » dressé par les experts le 8 août 1870, qu'au moment où » l'occupation a été autorisée la parcelle à occuper était à » l'état de paturage...

» .... Dans ces circonstances, c'est avec raison que » le Conseil de préfecture a décidé que l'indemnité » due à la commune, à raison des matériaux extraits sur » son terrain et employés aux travaux du chemin de » fer.... ne serait pas réglée d'après la valeur des maté- » riaux extraits.

285 — Il est indifférent que la carrière soit exploitée par le propriétaire ou par un locataire qui lui paie une somme déterminée.

Arrêt du 3 juin 1881. — *Compagnie des chemins de fer du Nord c. commune de Lapugnoy.*

Le pourvoi soutenait qu'il n'y a carrière en exploitation dans le sens de la loi, qu'autant que le propriétaire de la carrière l'exploite par lui-même ou par un représentant avec participation aux bénéfices. Mais, disait-il, dans l'espèce, la commune a seulement loué une partie de son terrain pour en faire l'extraction des cailloux moyennant un prix fixe arrêté d'avance ; elle n'exploite ni directement, ni indirectement. Le seul préjudice qu'elle puisse souffrir serait la perte de son prix de location et par suite le prix des matériaux ne doit pas être payé. Subsidiairement le pourvoi ajoutait que, le bail fait par la commune ne parlant que des cailloux, il n'y avait pas à tenir compte de la valeur des autres matériaux rencontrés (sables et grès), dont l'existence d'ailleurs n'avait été révélée, que par suite de l'exploitation faite par la Compagnie du Nord.

... Le Conseil d'Etat....

« *Au fond*:

» *En ce qui concerne l'indemnité allouée à la commune pour la valeur des cailloux extraits par la Compagnie* : — Considérant qu'il résulte de l'instruction » qu'antérieurement à l'occupation par la Compagnie, la » commune de Lapugnoy exploitait les cailloux contenus » dans son bois communal ; qu'ainsi c'est avec raison que » le Conseil de préfecture a décidé que la valeur des » matériaux de cette catégorie lui est due ;

» . . . .

» *En ce qui concerne les indemnités allouées à la commune pour privation de jouissance et perte de récoltes:* — Considérant d'une part que la commune » de Lapugnoy ne peut recevoir en même temps le prix » des cailloux extraits de son terrain — et une indemnité » à raison de l'occupation du même terrain ; qu'ainsi » c'est à tort que le Conseil de préfecture lui a alloué de » ce chef diverses indemnités s'élevant ensemble à » 4,474 francs.

» Mais considérant, d'autre part, qu'il y a lieu, conformément aux usages locaux, de tenir compte à la commune de la valeur des arbres détruits, laquelle a été » fixée par le tiers-expert à 172 francs ;

« ... La Compagnie paiera à la commune... »

286 — Une sablière qui n'a pas été exploitée faute de demandes depuis vingt-neuf ans, mais dont le terrain n'a pas été approprié par le propriétaire à la culture et est resté à sa disposition pour en extraire des matériaux, doit-elle être considérée comme une carrière en exploitation, dans le sens de la loi du 16 septembre 1807 ?

Le conseil général des ponts-et-chaussées consulté le 19 novembre 1880, émit l'avis que : « une sablière qui » n'a d'autres clients que son propriétaire et les besoins » accidentels de la contribution d'une route nationale, et » à laquelle on ne recourt que tous les dix ans, ne peut » être considérée comme une carrière en exploitation sui-

» vant le sens reconnu par la jurisprudence à l'article 55 » de la loi du 16 septembre 1807. »

Mais le Conseil d'Etat décida le contraire, avec juste raison, dans l'arrêt ci-après:

ARRÊT DU 19 MAI 1882. — *Daspres.*

« Considérant qu'il résulte de l'instruction, qu'à diffé- » rentes reprises il a été extrait et vendu des matériaux » provenant du terrain appartenant au sieur Daspres, » qui a été occupé et fouillé par les entrepreneurs des » travaux de construction du chemin de fer de Grenoble » à Gex; que si, faute de demandes, les extractions ont » été interrompues, pendant un long intervalle, le terrain » n'a pas été approprié par le propriétaire à la culture » et qu'il est toujours resté à sa disposition pour en » extraire de nouveau des matériaux; qu'il suit de là que » le terrain du sieur Daspres comprenait une carrière » en exploitation dans le sens de l'article 55 de la loi » du 16 septembre 1807; qu'en conséquence le sieur » Daspres avait droit à une indemnité calculée à raison » de la valeur des matériaux extraits dans sa propriété; » et que c'est à tort que le Conseil de préfecture ne lui a » alloué une indemnité qu'à raison du dommage causé » à la superficie. »

287 — Lorsque la carrière a été ouverte avant toute exploitation du propriétaire, par l'administration elle-même et que cette première exploitation a été suivie, sans interruption, par une seconde faite par le même entrepreneur ou un nouveau pour d'autres travaux, le Conseil d'Etat a jugé que la deuxième exploitation n'est que la continuation de la première; que par conséquent le propriétaire n'a jamais exploité ou fait exploiter et qu'en conséquence la valeur des matériaux extraits ne lui est pas due.

ARRÊT DU 21 MAI 1875. — *Roubière* c. *Lescat et Villenave.*

« Considérant qu'il résulte de l'instruction que la

» carrière sise sur le terrain appartenant aux sieurs » Roubière père et fils a été ouverte en 1854 par les » sieurs Dusseaux et Rabattu, entrepreneurs des travaux » du port d'Alger, en vertu d'un arrêté préfectoral d'au- » torisation ; que depuis cette époque jusqu'en 1866 elle » a été constamment exploitée soit par lesdits sieurs » Dusseaux et Rabattu, soit par les sieurs Lescat et » Villenave qui leur ont succédé en 1858 comme entre- » preneurs desdits travaux du port d'Alger ; que si, alors » que l'entreprise des sieurs Dusseaux et Rabattu avait » cessé le 31 décembre 1857, les sieurs Lescat et Villenave » n'ont été régulièrement autorisés à occuper les terrains » des sieurs Roubière que les 1er juin et 8 août 1859, il » est établi que pendant cet intervalle les propriétaires » n'ont pas pris possession de la carrière et qu'aucune » extraction de matériaux n'a été faite ni par eux, ni par » leurs fermiers, dont au surplus le bail n'est pas produit; » qu'il résulte de ce qui précède que les sieurs Roubière » sont non fondés à demander que l'indemnité qui leur » est due par les sieurs Lescat et Villenave pour la période » postérieure au 1er juin et au 8 août 1859, soit calculée » d'après la valeur des matériaux extraits, et que c'est » avec raison que le conseil de préfecture a décidé que les » experts ne devraient tenir compte que des dommages » causés aux terrains fouillés... (Rejet avec dépens.) »

288 — Arrêt du 10 mars 1876. — *Commune de Gamaches* (déjà cité).

« Considérant d'autre part, en ce qui touche l'indem- » nité relative aux matériaux extraits pour le chemin » de fer du Tréport à Abancourt, qu'il a été reconnu ci- » dessus qu'à l'époque où ont commencé les extractions il » n'existait aucune carrière en exploitation sur le terrain » de la commune ; qu'il résulte de l'instruction que les » extractions pratiquées par les sieurs Abt et Cie ont eu » lieu sans interruption jusqu'au jour où l'occupation a » cessé ; que, dans ces circonstances, c'est avec raison » que le Conseil de préfecture a décidé que l'indemnité

» due à la commune, à raison des matériaux extraits sur » son terrain et employés aux travaux du chemin de fer » de Frévent à Gamaches et du chemin de fer du Tréport » à Abancourt, ne serait pas réglée d'après la valeur des » matériaux extraits. »

289 — Il faudrait, au contraire, considérer la carrière comme ayant été exploitée, dans le cas où l'exploitation a été commencée par le propriétaire avant l'extraction par l'administration et allouer la valeur des matériaux extraits. (Arrêt du 18 mars 1858, *Pajet-Hervé*).

Arrêt du 22 février 1884. — *Préfet de l'Aube*).

« Considérant qu'il résulte de l'instruction que la » carrière du sieur Joffroy-Habert était en exploitation » antérieurement à l'extraction des matériaux faite par » l'administration ; qu'ainsi le sieur Joffroy-Habert a » droit à une indemnité représentant la valeur des maté- » riaux extraits. »

290 — Il y a également exploitation de carrières lorsque le propriétaire, exerçant depuis longtemps la profession de carrier, a commencé des travaux de fouilles et d'extraction, et que les fouilles et les sondages antérieurs de l'entrepreneur ont eu lieu avant l'arrêté préfectoral.

Arrêt du 3 décembre 1880. — *Péquard*.

« Considérant qu'il résulte de l'instruction que la » dame Louise Laval, qui, depuis très longtemps exerçait » au lieu de La Noue-Fossé (Meuse), la profession d'exploi- » tante de carrière et qui, à une distance de près de deux » cents mètres, avait déjà ouvert une sablière, a com- » mencé les travaux de fouille et d'extraction dans les » parcelles dont il s'agit, dès le 16 décembre 1874 ; que » l'arrêté du préfet de la Meuse, autorisant l'occupation » provisoire, a été seulement rendu le 5 janvier 1875 et » notifié le 8 du même mois ; que si le sieur Péquart a » procédé dès le 9 décembre 1874 à des fouilles et son- » dages sur le terrain litigieux, ces travaux exécutés » contre le gré, à l'insu même de la propriétaire et avant

» l'autorisation de l'autorité compétente, ne peuvent con-» férer aucun droit à leur auteur; et que, dès lors, la » carrière doit être considérée comme ayant été ouverte » et livrée à l'exploitation avant l'arrêté d'occupation » provisoire; et que le Conseil de préfecture a fait une » juste application de la loi en décidant que l'indemnité » devait être calculée d'après le prix des matériaux ex-» traits. »

291 — Il en est de même lorsque l'administration après avoir ouvert primitivement la carrière l'a laissée, puis a autorisé un deuxième entrepreneur à l'exploiter. Par le fait même de cette interruption, la carrière doit être considérée comme en exploitation et le prix d'extraction est dû. Arrêt du 16 août 1860, *Lecerf*.)

292 — Cela est si vrai que lorsqu'il y a interruption entre les deux exploitations, le propriétaire n'a même pas à manifester pendant ce laps de temps l'intention d'exploiter la carrière. (Arrêt du 18 novembre 1862, *Cottenet*).

Arrêt du 18 décembre 1874. — *Compagnie des chemins de fer du Midi c. de Mondu et autres.*

» En ce qui concerne la disposition de l'arrêté attaqué, » qui décide que la carrière ouverte sur les terrains occu-» pés est une carrière en exploitation, et qu'il y a lieu, dès » lors, de faire entrer la valeur des matériaux extraits » dans l'estimation du préjudice : — Considérant que la » compagnie du chemin de fer du Midi a occupé en 1859 » et 1860, pour la construction du chemin de fer de » Mont-de-Marsan à Tarbes, une partie des terrains qu'elle » a été autorisée à occuper de nouveau en 1868 et 1869, » pour la construction du chemin de fer d'Agen à Tarbes ; » que lors de cette première occupation, elle a ouvert et » exploité sur ces terrains une carrière, d'où elle a extrait » du ballast ; que les terrains ont été ensuite remis aux » propriétaires et que ceux-ci n'en ont pas modifié la » destination, mais ont, au contraire, conservé la carrière, » dont ils pouvaient disposer comme d'une carrière en

» exploitation, lorsque la compagnie des chemins de fer » du Midi a été de nouveau autorisée à occuper les terrains; » que dans ces circonstances, c'est avec raison que le » Conseil de préfecture a considéré la carrière comme étant » en exploitation, dans le sens de l'article 55 de la loi du » 16 septembre 1807, et a décidé qu'il y avait lieu de » tenir compte pour l'estimation du préjudice, de la valeur » des matériaux extraits....

» (Requête rejetée, compagnie condamnée aux dé- » pens.) »

293 — Mais la présomption légale que le propriétaire pouvait disposer de la carrière peut être détruite par la preuve qu'il lui était impossible de l'exploiter à cause de la disposition des lieux. (Arrêt du 20 février 1868, *Fauché*).

294 — Du reste, le Conseil de préfecture a toujours le droit de rechercher si le propriétaire n'a pas organisé son exploitation dans le but unique d'obtenir une indemnité, surtout lorsque son exploitation a commencé peu de temps avant l'arrêté d'autorisation d'extraction. (Arrêt du 4 mai 1870, *Crèvecœur*).

295 — Il a aussi le droit d'apprécier les faits et de décider que le terrain désigné par l'arrêté, devait être considéré comme exploité en raison du seul voisinage d'une carrière en exploitation, le propriétaire exerçant d'ailleurs la profession d'exploitant de carrières.

Arrêt du 15 janvier 1875. — *Manessier c. ville de Saint-Malo.*

« Considérant que la ville de Saint-Malo a été autorisée » à occuper, *pour y extraire des matériaux*, diverses par- » celles de terre appartenant au sieur Amiel, aux droits » duquel sont aujourd'hui les requérants ; qu'il a été jugé » par l'arrêté attaqué, et qu'il n'est pas contesté par la » ville, que dans la parcelle X se trouvait une carrière de » sable en exploitation;

« Considérant qu'il résulte de l'instruction qu'en *dehors* » *de l'exploitation de sable* pratiquée dans la parcelle X,

» *une autre exploitation aurait été entreprise à quelques* » *mètres seulement de la parcelle Y*, notamment aux » abords du plan désigné par la lettre D ; que, dans ces » circonstances, les requérants sont fondés à soutenir que » leur terrain doit être considéré comme à l'état de car- » rière ouverte dans la parcelle Y, et qu'ainsi c'est à tort » que le Conseil de préfecture a décidé qu'ils n'avaient droit, » pour ladite parcelle qu'à une indemnité calculée sur la » dépréciation de leur terrain, une indemnité représentant » la valeur des matériaux extraits, et qu'en fixant à » 8,692 fr. 23 la somme due par la ville de Saint-Malo » pour le prix de la totalité de ces matériaux, il sera fait » une juste appréciation de l'indemnité due aux requé- » rants. »

296. — ARRÊT DU 3 DÉCEMBRE 1880. — *Péquart* (déjà cité).

« Considérant qu'il résulte de l'instruction que la dame » Louise Laval, qui, depuis très longtemps exerçait, au » lieu de La Noue-Fossé (Meuse), la profession d'exploi- » tante de carrière, et qui, à une distance de plus de » deux cents mètres, avait déjà ouvert une sablière, a » commencé les travaux de fouille et d'extraction dont il » s'agit, dès le 16 décembre 1874 ; que l'arrêté du préfet » de la Meuse, autorisant l'occupation provisoire, a été » seulement rendu le 5 janvier 1875 et notifié le 8 du » même mois ; que si, le sieur Péquart a procédé dès le » 9 décembre 1874 à des fouilles et sondages sur le ter- » rain litigieux, ces travaux exécutés contre le gré, à » l'insu même de la propriétaire et avant l'autorisation » de l'autorité compétente, ne peuvent conférer aucun » droit à leur auteur.

Il ne faut pas considérer comme carrières :

297 — De simples fouilles faites en vue d'une exploitation quoique non comblées depuis longtemps. (Arrêt du 18 mai 1853, *de Chesming*.)

298 — Ni une carrière abandonnée après une première

exploitation, comblée, nivelée et rendue à la culture, (Arrêt du 20 juillet 1854, *Pouplier.*)

ARRÊT DU 11 MAI 1883, *Ameil-Cousin c. Jay-Boyer.*

« Considérant qu'il résulte de l'instruction et notam- » ment du procès-verbal de constatation des lieux, dressé » contradictoirement le 23 mars 1880 conformément à » l'article 5 du décret du 8 février 1868, que la parcelle » n° 89 appartenant au sieur Ameil-Cousin, était anté- » rieurement à l'occupation recouverte, sur toute son » étendue d'une couche de terre végétale de 1 m. 10 cent. » d'épaisseur moyenne et que la partie à occuper était » plantée d'arbres mesurant de 1 m. à 2 m. 30 cent. de » circonférence ;

» Considérant qu'en admettant que du sable détaché » par suite d'un éboulement et tombé sur le terrain voisin » ait été payé au propriétaire, il n'est pas établi que le » sieur Ameil-Cousin, ait jamais exploité, ni fait exploiter » pour son compte personnel les matériaux renfermés » dans sa propriété; qu'en outre la carrière n'aurait pu » être exploitée par le requérant sans qu'il eut apporté à » l'état des lieux d'importantes modifications ;

» Considérant d'ailleurs qu'à supposer que du sable ait » été autrefois extrait accidentellement, il n'en demeure » pas moins constant qu'il n'existait aucun vestige de » fouilles et que le terrain était rendu à la culture dans » toute son étendue au moment de la prise de possession » du sieur Jay-Boyer ;

» Considérant que, dans ces circonstances, c'est avec » raison que le Conseil de préfecture a limité la mission » des experts à l'appréciation du dommage causé à la » surface et de l'indemnité relative à la privation de » jouissance.... (Rejet avec dépens.)

299 — La question de savoir si le propriétaire a entendu renoncer à l'exploitation d'une carrière ouverte et s'il en a réellement changé la nature, constitue une question de fait dont l'appréciation souveraine appartient aux tribunaux administratifs. (Arrêts des 20 juillet 1854,

Pouplen; 18 mai 1854, *de Germiny*; 17 mars 1864, *Chemin de fer de l'Ouest*; 31 janvier 1867, *Mongey*; 16 novembre 1877, *Lalanne*; et ceux cités ci-dessus des 17 novembre 1882, *Cordier-Ferrière*; 11 mai 1883, *Amcil-Cousin*.

Arrêt du 3 juin 1881. — *Compagnie du Chemin de fer du Nord c. Péretmère.*

« Considérant que, si devant le jury d'expropriation, » le sieur Péretmère réclamait et a obtenu une indem- » nité, tant à raison des parcelles de la carrière qu'il » exploitait qui ont été prises pour la construction du » chemin de fer d'Ermont à Valmondois, que pour l'en- » semble des dommages se rattachant à ladite expro- » priation et comprenant notamment la difficulté d'ex- » ploiter les parcelles enclavées, il résulte de l'instruction, » et la Compagnie du chemin de fer du Nord ne conteste » pas, qu'il a fait des réserves expresses en ce qui » concerne l'indemnité qui pourrait lui être due relative- » ment au dommage que lui fait éprouver l'interdiction » résultant des arrêts du Conseil des 14 mars 1741 et » 5 avril 1772, et de la loi du 15 juillet 1845, d'exploi- » ter sa carrière dans les parcelles comprises dans les » zones de protection de la voie ferrée, ensemble des voies » publiques qui ont été déplacées par suite des travaux » de construction du chemin de fer ;

» Considérant que, par un arrêté du 20 juillet 1877, le » préfet de Seine-et-Oise a prescrit au sieur Péretmère » de ne point poursuivre l'exploitation de sa carrière » dans les parcelles comprises dans les zones de protec- » tion de la ligne ferrée d'Ermont à Valmondois et du » chemin vicinal de Méry à Frépillon, détourné par suite » des travaux de construction de la voie ferrée ;

» Considérant que la carrière exploitée par le sieur » Péretmère était en pleine exploitation à l'époque où a » été construite la ligne d'Ermont à Valmondois ; que, » dès lors, la Compagnie du chemin de fer du Nord n'est » pas fondée à soutenir que ledit sieur Piretmère n'est » pas recevable à réclamer une indemnité à raison du

» préjudice qui résulterait pour lui ne l'interdiction prononcée par l'arrêté ci-dessus mentionné ;

» Considérant qu'il suit de là, que c'est avec raison que le Conseil de préfecture a prescrit qu'il sera procédé à » une expertise, laquelle aura pour objet, ainsi qu'il est » décidé par l'arrêté attaqué, d'apprécier les dommages » causés au sieur Piretmère, et résultant exclusivement » de l'interdiction d'exploiter sa carrière dans les parcelles faisant partie de la zone de protection de la » ligne du chemin de fer et du chemin détourné de Méry à » Frépillon, tant d'ailleurs enclavées que non enclavées » entre lesdites voies.... (Rejet avec dépens).

300 — Plusieurs arrêts du Conseil d'Etat ont posé en principe que pour avoir droit au prix des matériaux enlevés il faut :

1° Que le propriétaire ait exploité la carrière existant sur son fonds.

2° Et qu'il en ait retiré des matériaux de même espèce ou de même nature que ceux extraits par l'administration.

301 — Arrêt du 3 juin 1881 — *Chemin de fer du Nord* (déjà cité).

« *En ce qui concerne l'indemnité allouée* à la commune » pour la valeur des cailloux extraits par la Compagnie : » Considérant qu'il résulte de l'instruction qu'antérieurement à la Compagnie, la commune de Lapugnoy, » exploitait les cailloux contenus dans son bois communal, qu'ainsi c'est avec raison que le Conseil de préfecture a décidé que la valeur des matériaux de cette » catégorie lui est due ;

« *En ce qui concerne les indemnités allouées à la commune pour la valeur du sable et des grès :*

« Considérant que la commune de Lapugnoy n'avait pas établi que le sable et les grès renfermés dans » son terrain eussent été l'objet d'aucune exploitation » antérieure ; qu'il suit de là que c'est à tort que le Conseil de préfecture lui a alloué une indemnité calculée à » raison de la valeur desdits matériaux. »

302 — Arrêt du 17 septembre 1882. — *de Corbon-Ferrière c. Audbert.*

« *En ce qui concerne 2° les conclusions du* sieur Corbon-» Ferrière *relatives aux matériaux qui auraient été dé-» tournés de l'usage auquel ils étaient destinés :* — Consi-» dérant que le terrain... dans lequel des moellons ont » été extraits par le sieur Audbert pour la construction des » ouvrages d'art du chemin de fer de Rodez à Millau » contient des matériaux de nature différente ; que si, » avant l'entreprise du sieur Audbert, le propriétaire a » enlevé sur divers points la pierre servant à alimenter » le four à chaux de son usine à gaz, il n'en résulte pas » qu'il existait sur ce terrain une carrière en exploitation » dans le sens de l'article 55 de la loi du 16 septembre » 1807 ; que dès lors, c'est avec raison que le conseil de » préfecture a décidé qu'il n'y avait pas lieu de faire » entrer le prix des matériaux dans le règlement de » l'indemnité. »

303 — Cette jurisprudence, ainsi que nous l'avons déjà dit, est assurément excessive à un double point de vue.

D'abord elle est contraire aux droits du propriétaire tels qu'ils résultent de l'article 55 du code civil, ensuite aux dispositions de l'article 55 de la loi de 1855, cependant si partiale envers l'administration, qui n'exige que l'intention manifestée du propriétaire d'utiliser les matériaux que renferme son terrain.

304 — Puis, en droit absolu, il est inique de retirer, sans indemnité, du sol d'un particulier des matériaux exploités ou non, faisant partie de son fonds, car c'est une diminution de valeur de sa propriété sans contre partie.

Et enfin, aux termes mêmes de la loi, du moment où les matériaux sont exploités d'une façon quelconque, les matières similaires ou non, enlevées dans l'intérêt public doivent être payées, sauf à faire une part à l'inventeur de la nouvelle carrière dans la valeur des produits par lui découverts.

305 — Il y a là une réforme qui s'impose. Il faut mettre la législation en rapport avec l'équité et le droit commun, Il nous paraît donc impossible, à tous les points de vue, que la jurisprudence que semble inaugurer le Conseil d'Etat soit maintenue et surtout se généralise.

306 — Tout naturellement l'exploitation doit être licite et conforme aux lois.

307 — Elle ne l'est pas si elle a été faite dans un terrain grevé de servitudes militaires, sans la permission de l'administration du Génie et a été immédiatement arrêtée. (Arrêts du 13 avril 1850. *Rouillé;* 2 avril 1857, *de Poix*).

208 — Enfin, il va de soi que lorsque la carrière a été ouverte après l'arrêté il n'est dû au propriétaire que la dépréciation du terrain. (Arrêt du 26 mars 1869, de Lautage.

309 — Du reste le Conseil a toujours le droit de rechercher si le propriétaire n'a pas commencé l'exploitation de la carrière en prévision de l'arrêté rendu peu de temps après et en vue de l'indemnité à réclamer. (Arrêts des 3 mai 1870, *Crevecœur;* 3 décembre 1886, *Péquard;* cités plus haut.)

§ IV

MODE DE FIXATION DE LA VALEUR DES MATÉRIAUX EXTRAITS

310 — Les matériaux extraits doivent en principe être payés le prix qu'ils auraient rapporté au propriétaire, c'est-à-dire évalués d'après les prix courants.

311 — C'est ce que porte le paragraphe 2 de l'article 55 de la loi du 16 septembre 1807 : « les dits matériaux » seront évalués d'après les prix courants, et abstraction » faite de l'existence et des besoins de la route pour la- » quelle ils seront pris, ou des constructions auxquelles on » les destine. »

Ce principe est d'une application constante.

312 — Par prix courant il faut entendre *les prix du pays* pour les matériaux de mêmes nature et qualité que ceux extraits.

Ainsi l'a décidé le Conseil d'Etat dans les arrêts des 1er mars 1826, *Gallichet;* 4 mai 1826, *Tiolier;* et ceux ci-après:

ARRÊT DU 7 AVRIL 1876, *Pradelle.*

« Vu le mémoire en défense présenté pour le sieur » Regnaud.... tendant à ce qu'il plaise au Conseil de » rejeter avec dépens le pourvoi sus visé par le motif que, » si les matériaux provenant de la carrière du sieur » Pradelle doivent lui être payés d'après leur prix-courant, » ce prix ne peut être déterminé d'après celui que le pro- » priétaire lui-même retire de la vente de ses matériaux; » qu'il ne peut, d'ailleurs, être suppléé au mode d'appré- » ciation prévu par l'art. 55 de la loi du 16 septembre 1807, » par l'application des prix fixés dans les traités interve- » nus entre le sieur Pradelle et d'autres entrepreneurs ; » qu'il n'y a pas lieu de s'arrêter davantage à la valeur » attribuée par le requérant à sa propriété, et qu'en » admettant que la carrière dont s'agit soit seule dans la » contrée, le propriétaire ne peut davantage invoquer » comme constituant les prix courants ceux qu'il a pu » demander lors des extractions précédentes dans des » circonstances et des conditions qu'on ne saurait opposer » actuellement au sieur Reynaud ; et statuant sur le » recours incident, fixer à 15 centimes par mètre cube » l'indemnité à payer au sieur Pradelle pour la pierre » extraite de son rocher, attendu qu'il résulte de l'ins- » truction que, soit dans les carrières des départements » voisins, soit dans les carrières plus rappochées de celle » du requérant, le prix de la pierre semblable à celle » provenant du rocher de Pierrelate ne dépasserait pas » la somme de 0 fr. 15 par mètre cube, et qu'ainsi c'est » à cette somme que l'arrêté aurait dû fixer le prix-cou- » rant de la contrée ;

» Vu la loi du 28 pluviose, an XIII et celle du 16 sep- » tembre 1807 ;

» Considérant qu'aux termes de l'art. 55 de la loi du
» 16 septembre 1807, les matériaux extraits d'une carrière
» déjà en exploitation doivent être évalués d'après leur
» prix-courant, abstraction faite de l'existence et des
» besoins de la route pour laquelle ils sont pris ou des
» constructions auxquelles on les destine ;

» Considérant qu'il résulte de l'instruction que, suivant
» les prix-courants tels qu'ils résultent des marchés ci-
» dessus visés, il y a lieu de fixer à 70 centimes par
» chaque mètre cube la valeur des matériaux à extraire de
» la carrière du sieur Pradelle ; que, dans ces circons-
» tances, c'est à tort que le Conseil de préfecture n'a fixé
» qu'à la somme de 40 centimes le mètre cube l'indem-
» nité à payer au requérant par le sieur Reynaud, à raison
» des extractions qu'il a été autorisé à pratiquer dans
» ladite carrière ;

ARRÊT DU 16 OCTOBRE 1877, *Lalanne.*

« Considérant qu'il résulte de l'instruction que, en al-
» louant un prix moyen de 3 fr. 25, par mètre cube, de
» matériaux extraits de la propriété du requérant, le Con-
« seil de préfecture a fait une juste application des prix
» acceptés par les propriétaires voisins et courants
» dans ce pays. »

313 — Aucun autre élément d'appréciation n'est permis et il n'y a pas lieu de tenir compte des prix de location de la carrière. (Arrêt du 8 décembre 1853, *Montbrun*), ni de ceux des traités faits par le propriétaire avec d'autres entrepreneurs (Arrêt du 12 avril 1875, *de Poix.*)

314 — L'emploi qui est fait habituellement des matériaux, et non celui spécial qu'en a fait l'entrepreneur, doit seul être pris en considération.

ARRÊT DU 7 AVRIL 1876, *Pradelle* ; (ci-dessus cité).

« Considérant qu'il résulte de l'instruction que, suivant
» les prix courants tels qu'ils résultent des marchés ci-
» dessus visés, il y a lieu de fixer à 0 f. 70 par chaque

» mètre cube la valeur des matériaux à extraire de la » carrière du sieur Pradelle; que dans ces circonstances, » c'est à tort que le Conseil de préfecture n'a fixé qu'à » la somme de 40 centimes le mètre cube l'indemnité à » payer.

315 — Est-ce le cube brut des matériaux extraits qui doit être payé au propriétaire, ou seulement ce cube diminué du déchet et de la taille, soit 15 à 20 0/0 pour le moellon et 15 0/0 pour la pierre de taille ?

Cette dernière prétention a souvent été émise, mais elle ne saurait être accueillie.

316 — Voici comment on doit procéder :

Il faut simplement calculer la valeur du cube extrait d'après les prix du pays, puis en déduire les frais d'extraction d'après les mêmes prix de main-d'œuvre. (Arrêt du 18 décembre 1862).

C'est la différence qui est due au propriétaire.

317 — C'est du reste ainsi qu'a jugé le Conseil d'Etat.

ARRÊT DU 17 DÉCEMBRE 1886. — *Mandon.*

« Mais, considérant qu'il résulte de l'instruction et notamment de la déclaration du sieur Baillère, expert du » sieur Ribérolles, que le prix de 1 fr. 50 par mètre cube » fixé par les experts comprenait les dépenses d'extraction qui ont été supportées par l'entrepreneur et dont » il doit être fait déduction ; qu'il sera dans ces circonstances fait une juste appréciation des quantités de matériaux extraits et de leur valeur, d'après les prix courants du pays en fixant à 447 fr. 36 la somme due, de » ce chef, au sieur Ribérolles. »

318 — Les prix courants du pays, quel que soit l'usage auquel on destine les matériaux, constituent donc la base légale et obligatoire de leur évaluation.

319 — C'est celle imposée par l'article 55 de la loi de septembre 1807, et le Conseil d'Etat décide qu'elle est tellement absolue :

Qu'elle ne peut être remplacée par aucune autre, même par les prix établis par traités entre le propriétaire et l'entrepreneur. (Arrêt du 12 avril 1857, *de Poix.*)

Que le prix du bail de la carrière ne doit pas davantage être pris comme élément d'appréciation. (Arrêt du 8 décembre, 1853, *Montbrun.*)

320 — On ne peut tenir compte que de la nature et de la forme des matériaux usitées dans la contrée.

L'usage ou l'emploi qu'en fait l'entrepreneur sont sans influence sur la détermination de la valeur des matériaux. (Arrêts des 1er mars 1826, *Gallichet* ; 4 mai 1826, *Tiolier;* 18 décembre 1862, *Roche.*)

321. — C'est donc la valeur *réelle* et non celle déterminée par l'ouvrage pour lequel elle sert, qu'il faut considérer.

322 — Aussi chaque nature de matériaux doit-elle être évaluée à part, par un prix spécial.

ARRÊT DU 13 MAI 1881, *Falaise*, contre *Bertrandon.*

« En ce qui touche le prix à allouer pour lesdits maté-
» riaux d'après leur nature: — Considérant que le sieur
» Falaise n'est pas fondé à soutenir qu'un précédent du
» Conseil de préfecture aurait fixé pour l'avenir, sans
» distinction pour les matériaux à extraire, et quelle que
» fut leur nature, un prix uniforme de un franc pour
» lesdits matériaux ;

« Mais considérant qu'il résulte de l'instruction qu'il
» sera fait une équitable appréciation de la valeur des
» matériaux extraits, dont le cube total s'élève comme il est
» dit ci-dessus à 4,217 mètres cubes 74 centimètres, en
» décidant que le sieur Falaise aura droit à un prix de
» 1 franc pour 3,000 mètres cubes de pierres de taille et
» moëllons piqués et de 0 fr. 25 pour le surplus, soit
» 1,217 mètres cubes 74 centimètres de matériaux, con-
» sistant en pierres cassées et débris divers, dont l'exis-
» tence est constatée par l'instruction; que l'application de
» ces prix auxdits matériaux d'après leur cube fixé res-

» pectivement, comme il est dit ci-dessus, fait ressortir » au profit du sieur Falaise un supplément d'indemnité » de 750 francs. »

323 — La pierre pouvant être utilisée comme pierre de taille, doit être estimée comme telle et non comme ballast, quoique l'entrepreneur s'en soit servi pour cet usage. (Arrêt du 7 avril 1867, *Pradelle*.)

324 — La pierre de taille employée comme moëllon doit être évaluée comme pierre de taille.

Arrêt du 22 juin 1883, *Gondon*.

« En ce qui touche le chiffre de l'indemnité : — Considérant, d'une part, qu'il n'est pas établi qu'une partie » des matériaux extraits par le sieur Cathalot et utilisés » par lui comme moëllons, fussent de nature à être employés comme pierres de taille ; que, dès lors, le requérant n'est pas fondé à soutenir qu'une certaine » quantité desdits matériaux devait être payée au prix » de la pierre de taille, quel qu'ait été l'emploi qui en a » été fait ;

« Considérant d'autre part, qu'il résulte de l'instruction, que l'occupation de la carrière du sieur Gondon » n'a pas eu pour effet de rendre impossible l'exercice des » professions d'entrepreneur et de carrier qu'il exerçait ; » qu'en effet, il a pu continuer à exploiter un banc de » pierre important, situé dans la parcelle contigüe à celle » qui a été occupée ; que, dès lors, il n'est pas fondé à » soutenir qu'en outre de l'indemnité qui lui est due pour » la valeur des matériaux, il doit lui en être accordé une » autre pour la perte de son industrie ;

« Mais, considérant que d'après l'article 55 de la loi du » 16 semptembre 1807, la valeur des matériaux extraits, » dans le cas où il y a lieu de la faire entrer dans l'estimation de l'indemnité, doit être fixée d'après leur prix-courant ; qu'il résulte de l'instruction que pour fixer à » 1,286 fr. 92 c. le chiffre de l'indemnité due au sieur » Gondon, le Conseil de préfecture a évalué les maté-

» riaux extraits à un prix inférieur à leur prix-courant, » et qu'en fixant ladite indemnité à 2,000 francs, il sera » fait à la cause une juste application de la disposition » précitée de la loi du 16 septembre 1807. »

325 — Il ne doit pas être tenu compte des circonstances exceptionnelles qui ont amené un changement momentané et accidentel dans les prix courants.

C'est ce qu'a jugé le Conseil d'Etat.

ARRÊT DU 4 MAI 1877. — *Chemin de fer du Midi* contre *de Monda.*

« En ce qui concerne l'indemnité pour extraction de » ballast : — Considérant que la Compagnie requérante ne » conteste pas le nombre de mètres cubes de ballast ad- » mis par le Conseil de préfecture, mais demande que le » prix du mètre cube soit réduit de 0 fr. 361 à 0 fr. 15 c. ; » qu'il y a lieu de tenir compte, pour la fixation du prix, de » l'influence qu'aurait pu exercer, sur les prix-courants, » l'exploitation par les propriétaires et la mise en vente, » dans un laps de temps très court d'une quantité de bal- » last égale, à celle extraite par la Compagnie des chemins » de fer du Midi, et qui a dépassé 180,000 mètres cubes ; » qu'il sera fait une juste appréciation de l'indemnité due » aux heritiers de Monda et au sieur de Cardeillac, en la » calculant au prix de 0 fr. 25 c. par mètre cube. »

326 — Il est certain, en effet, que ce qu'a voulu désigner la loi de 1807 ce sont les prix-courants *ordinaires*, *normaux* pour ainsi dire, et non ceux d'un caractère passager, amenés par un évènement fortuit dont l'influence est de peu de durée.

327 — C'est là, croyons-nous, la saine interprétation de la loi dont les prescriptions ne prêtent à aucune équivoque.

328 — Nous regrettons de ne pas partager sur ce point l'avis de M. Auger, mais nous croyons que le Conseil d'Etat est tout à fait entré dans la pensée du législateur en traduisant par *prix-courant* les prix usités *habituelle* *ment*, *couramment* et non ceux exceptionnels résultant de circonstances extraordinaires.

329 — En principe, le propriétaire a droit à la réparation de tout préjudice causé par l'extraction et qui ne résulte pas nécessairement de l'exploitation de la carrière. (Arrêts des 3 mai 1850, *Debrousse;* 6 mai 1858, *Godbarye).*

Arrêt du 4 mars 1877. — *Chemin de fer du Midi c. de Monda* (déjà cité).

« En ce qui concerne l'indemnité pour enlèvement de sou-» ches, piquets et clôtures : — Considérant que si l'arra-» chage des souches de vignes et piquets et d'une clô-» ture en ajoncs et en fils de fer a été une conséquence » nécessaire de l'exploitation et ne peut donner lieu à » une indemnité spéciale, il résulte de l'instruction que » l'indemnité de 1,712 francs s'applique, non pas à cet « arrachage, mais au dommage résultant de ce que la » Compagnie s'est approprié les bois arrachés, au lieu de » de les restituer aux propriétaires, que, dans ces circons-» tances, c'est avec raison qu'une indemnité spéciale a » été allouée de ce chef ;

» En ce qui concerne les indemnités pour enlèvement » de terres et de galets : — Considérant qu'il y a lieu de » tenir compte, d'une part, de ce que l'enlèvement des » terres et galets, extraits de la carrière avec le ballast » a été une conséquence nécessaire de l'exploitation, d'au-» tre part, de ce que le fait, par la compagnie, d'avoir » employé ces terres et galets extraits au lieu de les re-» mettre aux propriétaires, constitue un dommage indé-» pendant de l'exploitation ; qu'il sera fait une juste éva-» luation du dommage ainsi caractérisé en réduisant de » moitié les indemnités allouées, et en fixant, dès lors, » les sommes dues aux héritiers de Monda à 4,832 fr. 50 » pour les terres, et à 3,467 fr. 09 pour les galets, et » les sommes dues au sieur de Cardeillac à 1,862 fr. 50 » pour les terres et à 1,321 fr. 39 pour les galets ;

» En ce qui concerne l'indemnité pour détérioration de

» la carrière : — Considérant que, si une indemnité spé-
» ciale a été réclamée à raison de la détérioration de la
» carrière, par suite de l'exploitation de la compagnie,
» c'est avec raison que le conseil de préfecture a sursis à
» statuer sur ce chef, par le motif que, la carrière étant
» encore occupée, le dommage ne pouvait pas être ap-
» précié. »

330 — Il en résulte quetousles dommages, autres que ceux résultant de l'exploitation normale de la carrière doivent être payés.

Ainsi il est dû indemnité pour :

331 — Le préjudice causé aux propriétés voisines, par le dépôt des déblais, ou l'exploitation. (Arrêts des 6 mai 1858, *Godbarye;* 27 juin 1865, *Labourdette.*)

Arrêt du 4 mai 1877. — *Chemin de fer du Midi* c. *de de Monda* (déjà cité.)

« En ce qui concerne les indemnités pour privation de ré-
» coltes :—Considérant qu'il résulte de l'instruction, notam-
» ment du rapport de l'inspecteur général du contrôle,
» du 8 mars 1876, que les indemnités allouées pour priva-
» tion de récoltes s'appliquent, non pas aux terrains
» superficiels de la carrière, mais à des terrains voisins,
» occupés et non exploités, et dont les propriétaires
» auraient continué à jouir, si l'occupation eut été limi-
» tée à ce qu'exigeait l'exploitation ; que la compagagnie
» requérante n'est pas fondée, dès lors, à soutenir que ces
» privations de récoltes sont une conséquence néccessaire
» de l'exploitation et que les indemnités allouées de ce
» chef font double emploi avec celles fixées pour l'exploi-
» tation de la carrière ; que le Conseil de préfecture a fait
» une équitable évaluation de ces indemnités, en les fixant
» à 3,495 fr. 65 cent. pour les héritiers de Monda, et à
» 777 fr. 48 cent. pour le sieur de Cardeillac, et que les
» héritiers de Monda n'ont pas établi qu'ils aient été
» privés de la récolte de 1868, pour laquelle aucune

» indemnité n'a été allouée, comme ils l'ont été de celles » des années subséquentes ; »

332 — Le dommage résultant du défaut de précaution de l'entrepreneur.

ARRÊT DU 6 MARS 1872. — *Boucher d'Argis.*

« En ce qui touche la somme réclamée pour la dépré- » ciation des terrains résultant du dépôt des déchêts : — » Considérant que si le propriétaire d'un terrain fouillé ne » peut recevoir en même temps le prix de ses matériaux » et une indemnité à raison de la dépréciation du terrain » occupé par les fouilles, il lui est dû une indemnité à » raison du dommage qui résulte du dépôt des résidus » des carrières sur les terrains voisins des fouilles, lorsque » l'entrepreneur ne s'est pas conformé aux précautions » usitées en pareil cas ;

« Considérant que le sieur Chêne a occupé 13 ares de » terrain, sur lesquels 4 ares seulement ont été fouillés » par lui ; que dans ces circonstances, le sieur Boucher » d'Argis a droit à une indemnité à raison de la dé- » préciation des terrains voisins des fouilles. »

333 — La valeur des arbres abattus pour l'exploitation de la carrière et dont le propriétaire aurait profité.

ARRÊT DU 22 FÉVRIER 1884, *Préfet de l'Aube contre Geoffroy-Habert.*

» En ce qui concerne les arbres enlevés : — Considé- » rant qu'il résulte de l'instruction que les arbres enle- » vés sont de même nature que ceux qui ont été évalués, » lors du procès-verbal de reconnaissance des lieux à » 5 francs l'are ; qu'ainsi le sieur Joffroy-Habert n'est pas » fondé à soutenir que l'indemnité de 305 francs, qui lui » a été allouée à raison de 61 ares, d'après le prix de » 5 francs l'are, soit insuffisante ; »

— Par contre il n'est rien dû pour :

334 — Privation des récoltes enlevées pour la découverte de la carrière (Arrêt du 14 janvier 1869, *Gournet*).

335 — Enlèvement de la terre végétale dans le même but (Arrêt du 1er avril 1869, *Vatel.*)

336 — Occupation du terrain dans lequel ont été extraits les matériaux payés.

ARRÊT DU 3 JUIN 1881, *Chemin de fer du Nord*.

« En ce qui concerne l'indemnité allouée à la com- » mune pour la valeur des cailloux extraits par la com- » pagnie : — Considérant qu'il résulte de l'instruction » qu'antérieurement à l'occupation par la compagnie, la » commune de Lapugnoy, exploitait les cailloux conte- » nus dans son bois communal ; qu'ainsi c'est avec raison » que le Conseil de préfecture a décidé que la valeur des » matériaux de cette catégorie lui est due. »

« En ce qui concerne les indemnités allouées à la com- » mune pour privation de jouissance et perte de récoltes ; — » Considérant d'une part que la commune de Lapugnoy, » ne peut recevoir en même temps le prix des cailloux » extraits de son terrain et une indemnité à raison de » l'occupation du même terrain ; qu'ainsi c'est à tort que » le Conseil de préfecture lui a alloué de ce chef diverses » indemnités s'élevant ensemble à 4,474 francs. »

337 — Fouilles pratiquées pour l'exploitation de la carrière.

ARRÊT DU 19 MAI 1882, *Daspres.*

« Considérant d'autre part, que le requérant n'établit » pas, que les fouilles pratiquées par les sieurs Boyer et » Ferrebœuf aient entraîné des dégradations autres que » celles qui étaient la conséquence nécessaire de l'exploi- » tation ; qu'ainsi il ne peut recevoir une indemnité de » ce chef en même temps que le prix des matériaux » extraits... »

ARRÊT DU 22 FÉVRIER 1884, *Joffroy-Habert.*

« En ce qui concerne l'indemnité de dépréciation : —

» Considérant que la dépréciation du terrain du sieur » Joffroy-Habert était une conséquence naturelle de l'ex- » ploitation de ce terrain ; que dans ces circonstances, » c'est à tord que le Conseil de préfecture a alloué audit » sieur Joffroy-Habert, outre la valeur des matériaux » extraits, une indemnité pour dépréciation de son ter- » rain. »

338 — L'indemnité devant être la réparation du dommage éprouvé, le Conseil d'Etat a décidé avec raison qu'il était dû au propriétaire exerçant la profession de carrier et auquel on enlève son industrie, en le privant de l'exploitation de sa carrière, une indemnité spéciale.

Arrêt du 11 mai 1883, *Bove.*

» Considérant que le sieur Buffier est exploitant de » carrière et tailleur de pierres ; qu'en cette qualité il a » subi un *dommage spécial dont il lui est dû réparation* » *par suite* de l'interruption de son travail résultant de » l'occupation de sa carrrère, jusqu'au jour où il a pu » trouver une autre occupation ; qu'il y a lieu de ce chef » de lui allouer une indemnité de 300 fr. avec intérêt du » jour de sa demande. »

339 — Cette indemnité doit comprendre la perte éprouvée pour l'arrêt de l'industrie ou le détournement de la clientèle.

Arrêt du 16 novembre 1877, *Lalanne.*

« Sur les conclusions du sieur Lalanne tendant à ob- » tenir 10,000 francs de dommages intérêts, pour privation » de jouissance de carrières situées sur des parcelles oc- » cupées par l'administration, mais non exploitées par » elle : — Considérant que le sieur Lalanne ne justifie « pas qu'il se livrât à une exploitation régulière des car- » rières qui ont été occupées par l'administration ; que, » dès lors, il n'est pas fondé à demander une indemnité » pour le préjudice que lui aurait causé cette occupation » en arrêtant le cours de son industrie et détournant sa » clientèle. »

340 — Mais si le propriétaire carrier, tout en étant privé par l'arrêté, de partie de ses carrières a conservé une antre partie suffisante à l'exercice de son industrie il ne lui est dû aucune indemnité.

ARRÊT DU 22 JUIN 1883, *Gondon* (déjà ciité).

« Considérant d'autre part qu'il résulte de l'instruction » que l'occupation de la carrière du sieur Gondon n'a pas » eu pour effet de rendre impossible l'exercice des pro- » fessions d'entrepreneur et de carrier qu'il exerçait ; » qu'en effet, il a pu continuer à exploiter un banc de » pierre important, situé dans la parcelle contigüe à celle » qui a été occupée ; que, dès lors, il n'est pas fondé à » soutenir qu'en outre de l'indemnité qui lui est due pour » la valeur des matériaux, il doit lui en être accordé une » autre pour la perte de son industrie. »

341 — Au contraire il y a lieu à indemnité lorsque la partie de carrière qu'il a conservé ne peut être exploitée par suite de la prise ou de l'enlèvement du chemin d'accès.

ARRÊT DU 16 JUILLET 1880, *Raymondie.*

« Considérant qu'il résulte de l'instruction, et notam- » ment du procès-verbal de constatation des lieux dressé » contradictoirement avant l'occupation de sa pro- » priété, que le sieur Raymondie faisait commerce du » sable qu'il extrayait de la rivière la Briance; qu'il pos- » sédait, pour l'exercice de cette industrie, un bateau et » divers autres engins ; qu'en outre, il avait établi sur sa » propriété une voie d'accès permettant d'amener le sable » au sommet du plateau qui domine la rivière ;

» Considérant que, pendant l'occupation de la pro- » priété du sieur Raymondie, la compagnie du chemin » de fer d'Orléans a, par ses travaux, et notamment par » la destruction de la voie d'accès ci-dessus rappelée, mis » le sieur Raymondie dans l'impossibilité de continuer » l'exercice de son industrie ; qu'ainsi, celui-ci est fondé » à soutenir, qu'en outre de l'indemnité pour privation » de jouissance et réparation matérielle de sa propriété,

» il doit lui être accordé une indemnité à raison de la » privation temporaire de son industrie ; »

342 — L'indemnité est due aussi bien au fermier ou locataire qu'au propriétaire de la carrière. (Arrêts des 7 janvier 1858, *Grangier* ; 30 juillet 1863, *Marchon ;* 28 janvier 1865, *Bertrand;* 3 août 1867, *Monet.*)

Arrêt du 20 mars 1874, *Gomer.*

« En ce qui touche l'indemnité allouée au sieur Dufour :
» Considérant que le sieur Dufour, cultivait, à titre de » fermier, diverses parcelles de terrain dont le sieur Go» mer était propriétaire et sur lesquelles la Compapnie » des chemins de fer du Nord a pratiqué ses fouilles ; que » le conseil de préfecture a alloué audit sieur Dufour une » indemnité de 449 fr. 64 c. pour privation de jouissance » de ces terrains.

« Mais considérant que le sieur Gomer a déjà reçu le » prix du sable extrait desdits terrains ; qu'ainsi c'était » lui qui devait supporter les indemnités qui pourraient » être dues au sieur Dufour, et que la compagnie requé» rante ne pouvait être tenue de payer à la fois la valeur » du sable au propriétaire et une indemnité pour priva» tion de jouissance au fermier des dits terrains ; qu'il y » a lieu, dès lors, d'annuler sur ce point l'arrêté du Con» seil de préfecture. »

343 — Lorsque la propriété est affermée et que la carrière est à un locataire, ce dernier a droit au prix des matériaux enlevés et le fermier peut réclamer une indemnité pour le dommage causé à sa jouissance. (Arrêt du 27 février 1845, *Marmagnant ;* 8 décembre 1853, *Montbrun* : 22 juin 1854, *Micé.*

§ V.

COMPENSATION DE L'INDEMNITÉ DUE AVEC LA PLUS-VALUE ACQUISE PAR LES TERRAINS

344 — Y a-t-il lieu de déduire du montant de l'indemnité la plus-value que les travaux exécutés donnent au fond où ont eu lieu les extractions ?

— C'est une question délicate résolue dans divers sens.

345 — La loi du 16 septembre 1807 est absolument muette sur ce point.

Mais l'article 51 de la loi du 3 mai 1841 sur *l'expropriation pour cause d'utilité publique*, dispose :

« Si l'exécution des travaux doit procurer une augmentation de valeur immédiate et spéciale au restant » de la propriété, *cette augmentation sera prise en considération dans l'évaluation du montant de l'indemnité.* »

346 — Le Conseil d'Etat décide et certains auteurs pensent qu'il doit en être ainsi en matière de dommages causés aux propriétés par l'exécution de travaux publics.

347 — « Y a-t-il lieu — se demande *M. Aucoc* » (*Droit administratif*, T. 2, n° 737) — de tenir compte » en fixant l'indemnité, de la plus-value que les travaux » exécutés peuvent procurer à l'immeuble ?

« Il y a là une question qui a été controversée, mais » sur laquelle la jurisprudence du Conseil d'Etat est très » ferme.

« Le principe est celui-ci : l'administration est tenue » de réparer le dommage qu'elle a causé par ses travaux ; » mais si ces mêmes travaux apportent des avantages » aux propriétaires, il est juste d'admettre la compensation, car le dommage à réparer est diminué d'autant.

« La loi a-t-elle consacré cette théorie de la compensation ? En matière de dommages, nous croyons qu'il » n'existe pas de texte précis. L'art. 54 de la loi du » 16 septembre 1807, qu'on invoque ordinairement, nous » paraît applicable au cas d'une plus-value qui aurait » été réglée conformément aux articles 30 à 37 de la loi » de 1807, en dehors du procès relatif aux dommages » causés par les travaux. Mais le législateur, en matière » d'expropriation, a posé la règle dans l'article 51 de la

» loi du 3 mai 1841. Il y a là, selon nous, une base légale,
» incontestable pour la jurisprudence du Conseil. Ce que
» la loi décide pour le plus grave des préjudices, l'expro-
» priation, doit s'appliquer, à plus forte raison, pour un
» préjudice moins grave.

« Toutefois, c'est avec une grande modération que le
» Conseil tient compte de la plus-value. »

348 — Le Conseil d'Etat, très ferme en effet dans sa jurisprudence, déclare qu'une compensation doit être opérée d'une manière générale et que la plus-value provenant des travaux doit être déduite sur le montant de l'indemnité allouée. (Arrêts du 12 juillet 1864, *Souchay;* 20 juin 1865, *Ville de Toulouse;* 1er mai 1866, *Ville de Douvres;* 3 août 1866, *May;* 30 avril 1868, *Monvezy;* 5 août 1868, *Ville de Paris;* 26 décembre 1868, *Rossignеux;* 18 mars 1869, *Rogy;* 13 avril 1870, *Desaligny;* 2 août 1870, *dame Boucher;* 20 mars 1874, *Labasse;* 31 mars 1874, *Robin* ; 17 avril 1874, *Ville d'Angers* ; 3 juillet 1874, *Labbé* ; 31 mars 1876, *Chemin de fer du Nord* ; 11 décembre 1881, *Desbuttes* ; 13 janvier 1882, *Villiermot* ; 5 janvier 1883, *Ministre des travaux publics* ; 15 février 1884, *Ville de Paris* ; 20 mars 1885, *Devillers* ; 22 mai 1885, *Ville de Paris*, etc.)

« Considérant,—dit l'arrêt du 5 janvier 1883,—qu'il ré-
» sulte de l'instruction que, par suite de l'ensemble des tra-
» vaux exécutés en 1877, au droit de la propriété du sieur
» Fouché-Lepelletier, cette propriété a éprouvé une plus-
» value dont le Conseil de préfecture a refusé de te-
» nir compte et qui compense le dommage pouvant résul-
» ter pour le sieur Fouché-Lepelletier de l'exécution des
» travaux de remblais; que par suite, ce dernier n'est pas
» fondé à réclamer une indemnité pour dépréciation de sa
» propriété. »

349 — Le principe appliqué est ceuli-ci : l'administration est justement tenue de réparer le dommage causé par ses travaux, mais, si ces mêmes travaux apportent des avantages aux propriétés, il est équitable de les faire entrer en compensation pour la fixation de l'indemnité, car le préjudice à réparer se trouve diminué d'autant.

350 — Mais tout légal et même logique que paraisse ce systèms, il donne lieu à de justes critiques.

On fait remarquer avec raison que la compensation fait supporter par un seul — le propriétaire du fonds — ce qui profite à plusieurs, et que les résultats auxquels elle conduit sont aussi choquants qu'injustes.

Lorsque la construction d'un chemin de fer, par exemple vient améliorer et enrichir une contrée, en causant des dommages à quelques propriétaires, il arrive ceci : que, pendant que tous les propriétaires profitent du nouvel état de choses, ceux-là seuls qui ont éprouvé un préjudice paient — par compensation avec ce qui leur est dû — la plus-value générale dont bénéficie le pays.

351 « N'est-il pas inique, — dit à ce sujet M. Hállais-Dabot sous l'arrêt Brémond du 23 janvier 1874 » cité plus loin — de faire payer à un propriétaire, sous » forme de plus value, en ne lui allouant que la moitié » ou les trois quarts de l'indemnité qu'on reconnaît lui » être due, une quote part des avantages généraux pro- » curés à tout un quartier par la création ou l'élargisse- » ment des voies publiques, alors que d'autres proprié- » taires voisins, que les travaux se trouveront n'avoir pas » lésés et qui n'auront eu à subir aucun dommage sen- » sible, ni privation de 'ouissance, ni les ennuis d'un tra- » vail de reconstruction et de raccordement, ni les soucis » et les frais d'une instance administrative, bénéficieront » dans une proportion égale et peut-être supérieure, des » mêmes améliorations et embellissements? Un tel sys- « tème de compensation ne tend-il pas à appliquer à quel- » ques propriétaires isolément l'article 30 de la loi du » 16 septembre 1807, sans leur offrir en même temps les » garanties imposées par cet article, qu'on a laissé tom- » ber en désuétude à cause des difficultés de toutes sortes » que présentait sa mise à exécution? »

352 — Cela est si vrai que le Conseil d'Etat, tout en maintenant le principe de la compensation, en fait l'application avec une grande modération.

353 — Quoi qu'il en soit, il ne fait aucun doute que la compensation de la plus-value avec le montant de l'indemnité s'applique aussi bien aux dommages causés par les extractions de matériaux qu'à tous autres résultats de travaux publics.

354 — Le Conseil d'Etat l'a affirmé nettement dans la décision suivante :

ARRÊT DU 9 MAI 1884. — *Camusat et Godeau* contre *Béniot.*

« Mais considérant que les parcelles non occupées de la » propriété des sieurs Camusat et Godeau ont également » profité de cette plus-value et qu'il doit en être tenu « compte dans l'évaluation de l'indemnité, par ap- » plication des dispositions combinées de l'article 55 de » la loi du 16 septembre 1807 et de l'article 51 de la loi » du 3 mai 1841, qu'il sera fait une juste appréciation de » ces éléments d'évaluation en réduisant à 7,000 francs » l'indemnité due aux sieurs Camusat et Godeau. »

355 — Il faut donc appliquer aux extractions de matériaux les décisions que nous avons cité plus haut et qui visent les autres dommages.

356 — Les trois arrêts suivants applicables aux dommages causés par les extractions contiennent, du reste, tous les principes posés par le Conseil d'Etat en cette matière.

ARRÊT DU 23 JANVIER 1874. — *Brémond de Saint-Paul*

« En ce qui touche le dommage résultant du déchaus- » sement de la propriété du requérant et le recours inci- » dent de la ville de Paris : — Considérant qu'il est éta- » bli que les travaux de nivellement exécutés par la » ville de Paris pour l'ouverture du boulevard Ornano » ont eu pour effet de placer en contre-haut de la voie

» publique la propriété que le sieur Brémond de Saint-» Paul possède sur l'ancienne rue de Lévisse et la rue » Dejean, et consistant en un terrain à l'usage de chan-» tier, d'une hauteur moyenne de 3 mèt. 36 c., le long de » la rue de Lévisse, et de 2 mèt. 45 c., le long de la rue » Dejean ; qu'il est également établi que le terrain du » requérant ouvrait sur la rue de Lévisse par une baie » charretière qui est devenue inaccessible par suite de » l'abaissement du sol ; que, dès lors, le requérant est » fondé à prétendre que les travaux exécutés lui ont » causé un préjudice dont il lui est dû réparation ;

» Considérant qu'il résulte de l'instruction qu'en tenant » compte au sieur Brémond de Saint-Paul de la dépense » à faire pour l'exécution de tous les travaux à effectuer » dans sa propriété ainsi que de la gêne apportée à sa » jouissance pendant la durée, tant de ces travaux que de » ceux qui ont été effectués par la ville, et en compen-» sant jusqu'à due concurrence ces divers dommages avec » la plus-value qu'a procurée à ladite propriété l'ensem-» ble des travaux exécutés par la ville, il sera fait une » juste appréciation de l'indemnité qui est due au re-» quérant en fixant ladite indemnité à la somme de » 35,000 francs. »

Arrêt du 11 novembre 1881. — *Desbuttes.*

» Mais, considérant qu'il résulte de l'instruction que » la propriété du sieur Desbuttes aura acquis une plus-» value provenant de l'élargissement de la rue du Centre » et de la substitution d'un mur de clôture et de bâti-» ments reconstruits sur l'alignement, au mur et aux bâ-» timents frappés de la servitude de reculement; qu'il y » a lieu, par suite, de compenser l'indemnité due au » sieur Desbuttes jusqu'à concurrence des avantages » ainsi procurés à sa propriété et qu'il sera fait une juste » appréciation des circonstances de l'affaire en lui al-» louant une somme de 80,000 francs.

Arrêt du 22 mai 1885. — *Ville de Paris.*

« Sur la requête du sieur Deschaux et sur les con-

» clusions de la ville de Paris tendant à ce que l'indemnité de raccordement soit réduite à raison de l'amélioration de certaines parties de l'immeuble ; — Considérant que le conseil de préfecture a alloué au sieur Deschaux une indemnité de 7,000 francs pour le rétablissement des accès du rez-de-chaussée de sa maison ; que cette somme correspond aux travaux nécessaires pour opérer le raccordement du rez-de-chaussée avec les niveaux modifiés de la voie publique, au moyen de marches à établir dans l'allée conduisant à l'escalier et dans le couloir servant d'issue aux ateliers ; que, si ce mode de raccordement laisse subsister pour ledit immeuble une certaine dépréciation, le conseil de préfecture a fait une exacte évaluation du préjudice qui en résulte pour le sieur Deschaux, en lui accordant une indemnité de 8,000 francs qu'il a fixés en tenant compte des avantages qui résulteront pour certaines parties de l'immeuble des travaux de raccordement ; que le conseil de préfecture a fait également une exacte appréciation de l'indemnité due au requérant à raison des dommages qu'il subira pendant l'exécution des travaux de raccordement en la fixant à 2,000 francs. »

357 — Il en résulte que, pour être admise en compensation, la plus-value doit être *certaine, immédiate, directe.*

358 — Nous avons dit que l'administration ne répare pas les dommages indirects. Il ne serait donc pas juste de tenir compte des plus-values indirectes, par exemple de la plus-value résultant, pour une maison, de l'amélioration des voies publiques auxquelles aboutit celle dont la propriété endommagée est riveraine, ou de la plus-value procurée à tous les moulins d'une région par la création d'un chemin de fer.

359 — Faut-il en outre que la plus-value soit spéciale à l'immeuble qui a subi le dommage ?

Le conseil a parfois constaté que la plus-value était

spéciale, mais il n'a pas toujours considéré que la compensation d'une plus-value certaine, directe et immédiate dût être repoussée par ce motif qu'elle ne serait pas spéciale à la maison qui subissait un dommage et qu'elle profiterait en même temps à d'autres immeubles non atteints par les travaux, comme il arrive dans les cas de substitution d'un large boulevard à une rue étroite.

360 — Et, contrairement à ce que nous disions plus haut, il ne lui a pas paru contraire à l'équité de constater que la dépréciation dont se plaignait le réclamant était diminuée par la plus-value, alors même que d'autres propriétaires en profiteraient sans bourse délier.

C'est ainsi qu'il a décidé que :

361 — Il y a lieu à compensation entre les dommages causés par les travaux et la plus-value en résultant. (Arrêts des 25 juin 1858, *Compagnie d'Orléans;* 5 août 1863, *Ville de Paris;* 26 décembre 1861, *Rossigueux;* 21 janvier 1869, *Livry;* 18 mars 1869, *Ragy;* 23 janvier 1874, *Brémont de Saint-Paul;* 9 mai 1884, *Camusat et Godeau.*

Ce dernier arrêt va même plus loin, puisqu'il tient compte de la plus-value des parcelles voisines de celles occupées :

« Mais, considérant, dit-il, que *les parcelles non occupées* » de la propriété des sieurs Camusat et Godeau *ont également profité de cette plus-value et qu'il doit en être* » *tenu compte* dans l'évaluation de l'indemnité, par application des dispositions combinées de l'article 55 de » la loi du 16 septembre 1807 et de l'article 51 de la loi » du 3 mai 1841. »

362 « On oppose aux sieurs Camusat et Godeau — fait, avec juste raison, observer l'arrêtiste — une plus-value résultant d'une manière générale de la construction du chemin de fer et dont devront certainement profiter aussi toutes les propriétés situées dans un rayon rapproché. Or, il est évident que celles d'entre elles qui n'auront pas été occupées ou touchées par les travaux en profiteront sans bourse délier, tandis que les demandeurs, étant payés en monnaie de plus-value d'une partie des dommages subis par eux, se trouveront indirectement acheter la plus-value dont ils bénéficieront. »

363 — C'est la conséquence fatale de l'application du principe erroné, que les seuls terrains occupés doivent supporter la plus-value.

Sur ce point, la jurisprudence est en complet désaccord avec la doctrine. Espérons que celle-ci, d'accord avec l'équité et la logique, triomphera bientôt.

LIVRE II

DES OCCUPATIONS TEMPORAIRES

CHAPITRE PREMIER

Législation

364 — Les dispositions légales auxquelles sont soumises les occupations temporaires sont celles de la loi du 22 mai 1836 sur les chemins vicinaux et du décret du 8 juin 1868, que nous avons reproduits et dont nous rappelons les principales dispositions.

365 — Loi du 22 mai 1836, sur les chemins vicinaux :

« Art. 17. — Les extractions de matériaux, les dépôts » où enlèvement de terre, les *occupations temporaires de* » *terrains*, seront autorisés par arrêté du préfet, lequel « désignera les lieux ; cet arrêté sera notifié aux parties » intéressées au moins dix jours avant que son exécution » puisse être commencée ;

» Si l'indemnité ne peut être fixée à l'amiable, elle sera » règlée par le Conseil de préfecture, sur le rapport

» d'experts nommés, l'un par le sous-préfet, et l'autre » par le propriétaire.

» En cas de désaccord, le tiers-expert sera nommé par le » Conseil de préfecture. »

366 — DÉCRET du 8 juin 1868 portant règlement, pour les occupations temporaires de terrains nécessaires à l'exécution des travaux publics.

« Art. 1er. — Lorsqu'il y a lieu d'occuper temporaire- » ment un terrain, soit pour y extraire des terres ou des » matériaux, soit pour tout autre objet relatif à l'exécu- » tion des travaux publics, cette occupation est autorisée » par un arrêté du préfet, indiquant le nom de la com- » mune où le terrain est situé, les numéros que les par- » celles dont ils se compose portent sur le plan cadastral » et le nom du propriétaire.

» Cet arrêté vise le devis qui désigne le terrain à oc- » cuper ou le rapport par lequel l'ingénieur en chef » chargé de la direction des travaux propose l'occupa- » tion.

» Un exemplaire du présent règlement est annexé à » l'arrêté. »

367 — Complètement assimilées par le législateur, la jurisprudence et les auteurs aux extractions de matériaux, les occupations temporaires sont soumises aux mêmes règles, comme nous allons le voir.

CHAPITRE II

Définition. — Caractères de l'occupation temporaire. — Ce qui la distingue de l'expropriation

368 — L'occupation temporaire est la prise de possession, pour un temps déterminé, de terrains appartenant à des particuliers, pour l'établissement de chantiers, le dépôt de matériaux ou les transports nécessaires à l'exécution de travaux publics, en vertu de décisions émanées de l'autorité compétente.

Elle constitue, comme les extractions de matériaux une servitude légale grevant les propriétés privées, qui se trouvent dans les conditions précédemment indiquées.

369 — « Il y a occupation temporaire pour les travaux publics — dit de Bauve, *Dictionnaire administratif des travaux publics*, 1886 — lorsque le propriétaire est privé de son terrain pendant un certain temps, sans cependant que la propriété lui soit enlevée pour toujours, comme dans le cas de l'expropriation.

» L'occupation temporaire est identique à la servitude d'extraction de matériaux, si ce n'est qu'elle ne touche qu'à la superficie. »

370 — « L'Administration — enseigne *M. Aucoc*, T. 2, n° 788, 1886 — peut avoir besoin d'occuper temporairement un terrain pour y établir les chantiers d'une entreprise, y déposer des matériaux, y accumuler les déblais, y établir des chemins de service.

» Est-elle obligée, en pareil cas, de recourir à l'expro-

» priation, de déposséder définitivement le propriétaire?
» Non. La jurisprudence constante du Conseil d'Etat a
» admis que les dispositions, qui permettent d'occuper les
» terrains pour en extraire les matériaux, autorisaient à
» plus forte raison l'occupation temporaire de la superficie
» du sol.

371 — « L'occupation temporaire — indique M. Per-
» riquet, *Travaux publics,* T. 2, N° 1148, 1883 — est
» la prise de possession provisoire d'une propriété parti-
» culière, souvent nécessaire pour l'établissement de
» chantiers ou de chemins de service, pour le dépôt de
» matériaux ou de déblais etc.

372 — « Il est nécessaire—affirme à son tour M. Au-
» ger, *Traité des travaux publics* par Christophle, T. 2
» N° 2245 1890 — dans le cours des travaux, d'occuper des
» propriétés particulières, soit pour le dépôt des matériaux,
» soit pour l'établissement des chantiers, soit pour le
» transport des divers objets indispensables à la cons-
» truction des ouvrages. »

373 — On peut dire qu'il y a occupation de terrain, *toutes les fois que l'administration, pour l'exécution de travaux publics, fait occuper par ses agents, concessionnaires, fournisseurs, ou entrepreneurs, temporairement tout ou partie d'une propriété privée, sans y extraire des matériaux.*

374 — Les caractères de l'occupation temporaire sont en effet:

I. — D'être provisoire et non définitive.

II. — D'être causée par l'exécution de travaux publics.

III. — De se borner à l'occupation du sol pour des dépôts ou l'établissement de chantiers ou de moyens de communications.

I

375 — En effet, c'est le côté provisoire, de l'occupation temporaire qui la différencie de l'expropriation, laquelle a pour caractère, au contraire, de priver à tout jamais le propriétaire de son fonds, et de constituer une dépossession définitive du terrain occupé.

376 — La durée de l'occupation temporaire doit donc être déterminée, *elle ne peut être indéfinie.*

377 — Toutes les fois qu'elle revêt ce dernier caractère, elle constitue une expropriation.

378 — L'arrêté qui autorise l'expropriation temporaire, doit donc nettement déterminer la durée.

379 — Dans le cas où elle serait indèterminée, l'autorisation ne remplirait pas les conditions exigées par l'esprit de la loi et pourrait être attaquée par le propriétaire.

C'est ainsi qu'il a été jugé que, sous le titre d'occupation temporaire, un préfet ne peut autoriser :

380 — L'ouverture d'un fossé destiné à permettre l'écoulement des eaux d'une route, *jusqu'au moment où il en sera autrement ordonné.* (Arrêt du 5 septembre 1836, *Ledos* ; 6 décembre 1844, *Gallas*).

381 — L'occupation d'un terrain pour y poser une voie et y établir des rails pour un chemin de fer. (Arrêt du 20 février 1868, *Chemin de fer de Saint-Ouen*).

382 — La prise de possession, même temporaire, du terrain d'un particulier pour y établir une voie de raccordement provisoire, en vue des besoins de son exploitation commerciale et pour suppléer à l'insuffisance de sa ligne principale, en attendant l'exécution d'un raccordement *dont le projet n'était pas encore définitivement arrêté.*

Arrêt du 11 février 1876. — *Chemin de fer du Nord* contre *Noël.*

« Considérant qu'il résulte de la demande même, adres-
» sée par la Compagnie au préfet, et des rapports qui
» y sont joints, que l'établissement de cette voie pro-

» visoire était proposé par ladite Compagnie en vue des » besoins de son exploitation commerciale, et pour sup- » pléer à l'insuffisance de sa ligne principale, en atten- » dant qu'un projet de raccordement direct entre cette » ligne, la gare aux charbons de l'usine à gaz et le che- » min de fer de Ceinture, alors en cours d'instruction, » pût être exécuté ; qu'il suit de là que l'arrêté préfec- » toraldu 8 décembre 1871 n'a pas été pris dans un des » cas prévus par l'arrêt du Conseil du 7 septembre 1755, » par la loi du 27 pluviose an VIII et par celle du 16 » septembre 1807 ; qu'en effet, *il n'avait pas pour objet* » *de permettre à la Compagnie du chemin de fer du* » *Nord d'occuper temporairement* les terrains nécessaires » à l'exécution d'un travail public, qu'elle aurait été » régulièrement autorisée à entreprendre, mais qu'il avait » pour but de mettre la Compagnie en possession des » terrains nécessaires à la construction d'un nouvel em- » branchement, jusqu'à l'époque, d'ailleurs indéterminée, » où il serait remplacé par une autre voie de raccorde- » ment dont le projet n'était pas encore définitivement » arrêté; et que, dans ces circonstances, c'est avec raison » que, par l'arrêté attaqué, le Conseil de préfecture a » décidé que l'occupation de la parcelle de terrain appar- » tenant au sieur Noël, n'avait pas été régulièrement » autorisée et qu'il a renvoyé ledit sieur Noël à faire valoir, » devant l'autorité judiciaire les droits qu'il peut avoir » à une indemnité à raison de la prise de possession de » son terrain. »

(Rejet).

383 — L'occupation temporaire d'un terrain, en vue non-seulement d'étudier le tracé d'un chemin de fer mais d'y commencer les travaux d'un tunnel faisant partie d'un projet définitif dudit chemin.

Arrêt du 6 juin 1879. — *Remize.*

« Considérant qu'il résulte de l'instruction que les tra- » vaux, en vue desquels l'occupation des terrains du sieur » Remize a été autorisée par le préfet, par arrêtés des

» 16 novembre et 6 décembre 1877, n'avaient pas seulement pour objet d'étudier le tracé du chemin de fer, sur » le territoire de la commune de Saint-Léger-le-Pègre, » mais qu'ils constituaient, en réalité, un commencement » d'exécution du tunnel de Sainte-Lucie, dont une des » ouvertures devait être établie sur les terrains occupés, » et qui faisait partie du projet définitif du chemin de » fer de Marvéjols à Neussargues ; qu'ils avaient ainsi » pour effet d'entraîner la dépossession définitive ; » qu'il suit de là qu'il n'appartenait pas au préfet » d'autoriser l'occupation de ces terrains, en vertu de » l'arrêt du Conseil du 7 septembre 1755 et de la loi du » 16 septembre 1807, et en suivant les formes établies » par le décret du 8 février 1868, mais que l'administration ne pouvait être mise légalement en possession desdits terrains qu'après l'accomplissement des formalités » prescrites par la loi du 3 mai 1841 ; qu'il y a lieu, dès » lors, d'annuler l'arrêté du Conseil de préfecture du 22 » mars 1878, et les arrêtés du préfet, en tant qu'ils ont » autorisé l'occupation de parcelles de terre appartenant » au sieur Remize. » (Arrêtés du Conseil de préfecture et du préfet annulés en tant qu'ils ont autorisé l'occupation de parcelles de terre appartenant au sieur Remize. Etat condamné aux dépens.)

984 — Aussi l'arrêté d'occupation qui n'en fixe pas la durée est-il nul.

Arrêt du 16 mars 1889. — *Touzé.*

« Sans qu'il soit besoin de statuer sur les autres » moyens de la requête : — Considérant que l'*occupation* » *autorisée* par le préfet n'a pas été fixée par l'arrêté » précité et ne peut être déterminée d'après la nature » du travail public en vue duquel cet arrêté a été pris ; » qu'ainsi ladite occupation aurait le caractère d'une » occupation indéfinie, qu'il y a lieu, par suite, de décider » que l'arrêté du préfet de la Manche qui l'a autorisée » sera tenu pour nul et non avenu et d'ordonner que cette

» *occupation vessera* pour l'avenir ensemble d'annuler » l'arrêté attaqué du Conseil de préfecture. »

385 — Mais, toutes les fois que l'occupation est autorisée pour un temps limité, l'arrêté du préfet est régulier.

Dans ce cas, en effet, le caractère temporaire résulte du but même de l'occupation et il n'y a pas expropriation.

386 — Il n'y a aucune limite de fixée pour cette durée; elle peut être autorisée pour deux, trois, quatre années ; elle peut même être renouvelée pour une autre période pendant la première occupation, lorsque l'ouvrage ne peut être terminé dans le délai prévu.

C'est dans ce sens que le Conseil d'Etat a décidé qu'il y avait occupation temporaire dans la prise de possession du terrain privé pour :

387 — L'établissement d'un chemin de fer destiné à l'enlèvement des sables. (Arrêt du 7 janvier 1864, *Guyot de Villeneuve*).

388 — La construction d'un magasin de matériaux. (Arrêt du 31 mai 1866, *Serre*).

389 — Le dépôt de déblais, quoique changeant l'état primitif des lieux.

Arrêt du 30 mai 1884. — *Sieur et Dame, Vellery-Michel*).

« Sur les conclusions subsidiaires des époux Vallery-« Michel, tendant à ce que la fixation de l'indemnité à » eux due soit renvoyée à un jury d'expropriation, con-» formément à la loi du 3 mai 1841 : — Considérant » qu'il résulte de l'instruction que le terrain sur lequel la » compagnie Paris-Lyon-Méditerranée a déposé des dé-» blais, *a été restitué aux requérants qui en ont pris pos-» session*, que dès lors l'indemnité qui pouvait être due » aux requérants à raison de l'occupation temporaire de » leur terrain serait appréciée par le Conseil de pré-

» fecture, conformément à la loi du 3 mai 1841 (Rejet.
» avec dépens).

390 — Le dépôt des déblais modifiant d'une manière définitive la nature du sol.

Arrêt du 6 février 1885. — *Bonnard frères.*

« Considérant qu'il résulte de l'instruction que l'occu-
» pation des parcelles de terrains appartenant aux sieurs
» Bonnard a été autorisée pour faciliter les travaux du
» troisième bassin à flot du port du commerce de Roche-
» fort et *se trouve limitée à la durée des travaux*, que,
» d'autre part même, en admettant que les dépôts de dé-
» blais opérés sur lesdites parcelles aient pour effet de
» modifier complètement la nature du sol, cette circons-
» tance ne saurait faire considérer l'occupation dont il
» s'agit comme équivalant à une véritable expropriation.
» — (Rejet.)

391 — L'exécution d'un marché dont la durée est fixée.

Arrêt du 1er mai 1880, *Plard.*

« *Sur le moyen tiré* de ce que l'occupation des ter-
» rains dont il s'agit constituerait, au détriment du
» requérant, une dépossession indéfinie de sa propriété :
» Considérant qu'il résulte de l'instruction, que l'occu-
» pation des terrains appartenant au sieur Plard, a été
» autorisée, par arrêté du 11 septembre 1880 *en vue de*
» *l'exécution d'un marché dont la durée expire le 1er*
» *juillet 1885* et qu'ainsi elle n'a pas le caractère d'une
» occupation indéfinie. »

392 — Le Conseil d'Etat a également décidé, dans l'arrêt du 7 janvier 1864 Guyot de Villeneuve (déjà cité) que l'autorisation d'occupation donnée pour un temps déterminé, pouvait être renouvelée pour une autre période également déterminée, sans pour cela constituer une dépossession équivalant à expropriation : —

« Considérant — porte cette décision — qu'il résulte

» de l'instruction que l'occupation, par la Compagnie du » chemin de fer, des terrains appartenant aux sieurs » Guyot de Villeneuve, n'a été autorisée par notre mi- » nistre des travaux publiçs que jusqu'au 4 octobre » 1863; que les requérants prétendent, il est vrai, que » cette autorisation est susceptible d'être renouvelée et » que, par des renouvellements successifs, l'administra- » tion de la Compagnie pouvait arriver à paralyser entre » leurs mains l'exercice de leur droit de propriété ; mais » que le renouvellement de l'autorisation n'est qu'une » prévision, et que les conséquences de cette éventualité » ne peuvent être appréciées à l'avance ; qu'il suit de » là que lesdits sieurs Guyot de Villeneuve ne sont pas « fondés, quant à présent du moins, à soutenir que les » terrains dont il s'agit seraient soumis à une occupation » indéfinie, qui équivaudrait à une dépossession pour la- « quelle il leur serait dû une indemnité dont le règlement » appartiendrait aux autorités établies par la loi du 3 » mai 1841. »

393 — Il n'en faut pas moins reconnaître que le provisoire ne peut dépasser certaines limites et que s'il se prolongeait indéfiniment, le propriétaire aurait incontestablement le droit d'en demander la cessation ou d'exiger qu'il fût procédé à une expropriation.

394 — Mais ce sont là des questions de fait dont l'appréciation est entièrement laissée aux tribunaux administratifs.

II

395 — L'occupation temporaire comme l'extraction des matériaux, ne peut avoir lieu que pour l'exécution d'un travail public régulièrement autorisé.

396 — Sous ce rapport, le décret du 8 février 1868 assimile complètement l'occupation temporaire aux extractions de matériaux (articles 1er et suivants), comme l'avait déjà fait le Conseil d'Etat. (Décrets sur conflits des 15 mars 1856, *Galet* ; 4 juin 1858, *Fénélon* ; 18 février 1864, *département de la Mayenne.*

En conséquence, le Conseil d'Etat a décidé que :

397 — Les travaux d'agrandissement d'une gare régulièrement autorisés, présentant le caractère de travaux publics, le préfet peut autoriser l'occupation temporaire du terrain pour en faciliter l'exécution.

ARRÊT DU 17 JUILLET 1874. — *Monnier* contre la *Compagnie Paris-Lyon-Méditerranée.*

« Considérant qu'il résulte de l'instruction que la » Compagnie des chemins de fer de Paris à Lyon et à la » Méditerranée n'a demandé et qu'elle n'a obtenu l'autorisation *d'occuper temporairement* le terrain du sieur » Monnier que dans le but de faciliter les travaux » de remaniement des voies et installations de la gare de » Nîmes, en transportant sur ce terrain tout le matériel » qui encombrait ladite gare ; que les travaux à effectuer » à la gare de Nîmes, régulièrement autorisés, présentent le caractère de travaux publics ; qu'ainsi, *c'est pour » l'exécution d'un travail public,* cas prévu par l'article » 1er du décret ci-dessus visé, du 8 février 1868, que l'occupation du terrain du sieur Monnier a été autorisée, » et que le préfet du Gard, en autorisant cette occupation et le ministre, en maintenant l'arrêté du préfet, » n'ont pas excédé leurs pouvoirs ;

» Considérant d'ailleurs qu'il résulte des termes mêmes » de la décision et de l'arrêté attaqués, que l'occupation » par la Compagnie du terrain appartenant au sieur » Monnier, n'a été autorisée qu'au 6 novembre 1875, » époque à laquelle les travaux entrepris par la Compagnie pour l'agrandissement de la gare de Nîmes seront » terminés ; qu'il suit de là que quelle que soit l'importance des travaux provisoires, exécutés par la Compagnie sur ledit terrain, le sieur Monnier n'est pas fondé » à soutenir que l'occupation de son terrain *équivaut à » une prise de possession définitive,* qui n'aurait pu être

» ordonnée que suivant les formes prescrites par la loi » de 1841. — (Rejet).

398 — Les ouvrages formant une dépendance d'une gare de chemin de fer ont aussi le caractère de travaux publics. (Arrêt du 13 mars 1875, *Cottin*).

399 — Mais il a été, comme nous l'avons vu plus haut, avec raison jugé dans l'arrêt du 11 février 1876, Compagnie des chemins de fer du Nord, que le préfet ne peut autoriser l'occupation, même temporaire d'un terrain, pour y établir une voie de raccordement provisoire *pour l'exploitation commerciale* d'une compagnie, en attendant l'exécution d'un raccordement non encore arrêté.

III

400 — Enfin, l'occupation temporaire doit se borner à l'occupation de la surface du sol en y établissant des dépôts ou voies de communication à peine de se confondre avec les extractions de matériaux, fouilles et emprunt. Il est inutile d'insister sur ce point.

401 — L'occupation temporaire s'exerce dans les mêmes conditions et pour les mêmes cas que les extractions de matériaux et elle est également exercée par les mêmes personnes et sur les mêmes terrains.

CHAPITRE III

Par qui — dans quel cas — et dans quelles condtions peut être exercée la servitude d'occupation temporaire.

402 — Le droit d'occupation, comme celui d'extractions et de fouilles appartient en premier lieu à l'administration, qui, par conséquent, peut la déléguer à ses agents, concessionnaires, fournisseurs et entrepreneurs.

403 — Comme nous l'avons vu, elle ne peut avoir lieu qu'à l'occasion et pour l'exécution des travaux publics.

404 — Elle peut également s'exercer sur tous les terrains qui n'en sont pas exemptés par une disposition légale. Toutes les décisions précédemment citées pour les extractions s'appliquent aux occupations.

C'est ainsi que le Conseil d'Etat a jugé que :

405 — Peuvent être soumis à l'occupation temporaire pour traxaux publics, des terrains faisant partie d'un domaine non entièrement clos, divisé en parties cultivées renfermant un simple bâtiment d'exploitation.

Arrêt du 28 novembre 1873. — *Timoléon d'Ortoli.*

« *Sur le grief tiré* de ce que les arrêts du Conseil » de 1755 et de 1780 n'autorisaient pas l'administration » à occuper temporairement les terrains du requérant — » Considérant qu'il est établi par l'instruction que les » terrains dont il s'agit font partie d'un domaine qui n'est » pas entièrement clos, qui est divisé en parcelles dont » la plupart sont cultivées comme terres arables, et qui » renferme non pas une maison d'habitation, mais un

» simple bâtiment d'exploitation ; que l'arrêté préfectoral » du 15 mars 1872 a donc pu en autoriser l'occupation » temporaire pour le transport des matériaux nécessaires » à la construction du chemin d'intérêt commun n° 47. »

406 — Le Préfet peut ordonner l'occupation de terrains pour les travaux d'agrandissement d'une gare.

Arrêt du 17 juillet 1874. — *Monnier* (déjà cité).

« Considérant qu'il résulte de l'instruction que la » Compagnie des chemins de fer de Paris à Lyon et à » la Méditerranée n'a demandé et qu'elle n'a obtenu » l'autorisation d'occuper temporairement le terrain du » sieur Monnier que dans le but de faciliter les travaux » de remaniement des voies et installations de la gare » de Nîmes, en tranportant sur ce terrain tout le matériel » qui encombrait ladite gare ; que les travaux à effectuer » à la gare de Nîmes, régulièrement autorisés, présentent » le caractère de travaux publics.

407 — Doit, au contraire, être considérée comme close une propriété en nature de jardin potager, attenant à l'habitation, entouré de clôtures, malgré une servitude de contre-halage.

Arrêt du 6 aout 1875. — *Busquet de Caumont.*

« Considérant qu'il résulte de l'instruction que la pro- » priété du sieur Busquet de Caumont, sur laquelle le » sieur Sabatier a été autorisé, par arrêté du préfet, à éta- » blir un passage pour le transport des matériaux néces- » saires aux entreprises dont il est adjudicataire, est en » nature de jardin potager, qu'elle est attenante à l'ha- » bitation du requérant, qu'elle renferme la maison du » jardinier et qu'elle est de toutes parts entourée soit » par un parapet en terres et pierres sèches, soit par une » haie vive, qui constituent des clôtures équivalentes à un » mur, suivant l'usage du pays, soit par la Seine ; que, » dans ces conditions, la servitude de contre-halage qui la

» grève le long de ce fleuve dans l'intérêt exclusif de la » navigation, ne fait pas obstacle à ce qu'elle soit con- » sidérée comme close dans le sens des arrêts du Conseil » de 1755 et de 1780 ; et que, dès lors, c'est à tort que » le Conseil de préfecture a maintenu en faveur de l'en- » trepreneur Sabatier la faculté d'établir un passage tem- » poraire sur le domaine du sieur de Caumont ; »

408 — L'occupation temporaire d'un terrain ne peut être autorisée en vue d'étudier le tracé d'un chemin de fer, et d'y commencer des travaux faisant partie du projet définitif.

ARRÊT DU 6 JUIN 1879. — *Remize.*

« Considérant qu'il résulte de l'instruction que les » travaux, en vue desquels l'occupation des terrains du » sieur Remize a été autorisée par le préfet par arrêtés des » 16 novembre et 6 décembre 1877, n'avaient pas seule- » ment pour objet d'étudier le tracé du chemin de fer, » sur le territoire de la commune de Saint-Léger-de- » Peyre, mais qu'ils constituaient, en réalité, un com- » mencement d'exécution du tunnel de Sainte-Lucie, dont » une des ouvertures devait être établie sur les terrains » occupés, et qui faisait partie du projet définitif du che- » min de fer de Marvejols à Neussargues ; qu'ils avaient » ainsi pour effet d'entraîner la dépossession définitive ; » qu'il suit de là qu'il n'appartenait pas au préfet d'au- » toriser l'occupation de ces terrains en vertu de l'arrêt » du Conseil du 7 septembre 1755 et de la loi du 16 sep- » tembre 1807, et en suivant les formes établies par le » décret du 8 février 1868; mais que l'Administration ne » pouvait être mise légalement en possession desdits ter- » rains qu'après l'accomplissement des formalités pres- » crites par la loi du 3 mai 1841 ; qu'il y a lieu, dès lors, » d'annuler l'arrêté du Conseil de préfecture du 22 mars » 1878, et les arrêtés du préfet, en tant qu'ils ont auto- » risé l'occupation de parcelles de terres appartenant au » sieur Remize... (Arrêté du Conseil de préfecture et du

» préfet annulés en tant qu'ils ont autorisé l'occupation » de parcelles de terre appartenant au sieur Remize. Etat » condamné aux dépens.) »

409 — La servitude d'occupation temporaire peut être imposée, en dehors du cas d'enclave, pour le transport des matériaux nécessaires à un travail public.

ARRÊT DU 5 AOUT 1881. — *Compagnie des Salins du Midi.*

« Sans qu'il soit besoin de statuer sur le surplus des » moyens présentés par la Compagnie à l'appui de son » recours : — Considérant que la chaussée Saint-Nicolas, » qui appartient à la Compagnie des Salins du Midi, est » fermée par une barrière du côté du port des Salins, et » barrée à son autre extrémité, du côté de la route natio- » nale n° 98, par une maison appartenant à la Compa- » gnie et habitée, sous la voûte de laquelle elle passe et » dont la porte lui sert de clôture ; que, dans ces condi- » tions, ladite chaussée constitue une propriété close dans » le sens des arrêts ci-dessus visés de 1755 et 1780, dont » il n'appartenait pas au préfet du Var d'autoriser l'oc- » cupation ; qu'il y a lieu, par suite, de décider que les » arrêtés du préfet, qui ont autorisé cette occupation, » seront tenus pour non avenus, et d'ordonner que cette » occupation cessera pour l'avenir, ensemble d'annuler » l'arrêté du Conseil de préfecture et de renvoyer les par- » ties devant ledit Conseil pour être statué, après exper- » tise, sur l'indemnité à laquelle la Compagnie pourra » avoir droit pour le passé, à raison de l'occupation de sa » chaussée par les sieurs Ambard et Vola... »

410 — L'entrepreneur est tenu de remplir les formalités prescrites par le décret du 8 février 1868, aussi bien pour l'occupation des terrains faisant partie du domaine de l'Etat que pour ceux des particuliers.

ARRÊT DU 19 MAI 1882. — *Choël.*

« Considérant que le sieur Choël fonde sa demande

» d'indemnité sur le préjudice qui serait résulté pour lui
» de la résistance opposée, à l'exécution de ses travaux
» d'extraction, par les propriétaires des terrains désignés
» au devis ;

» Mais, considérant qu'il résulte de l'instruction et
» qu'il n'est pas contesté que le sieur Choël a occupé lesdits terrains sans l'accomplissement préalable des formalités légales prescrites par le décret du 8 février
» 1868, et notamment sans avoir fait aux propriétaires
» la notification imposée à l'entrepreneur par l'article 4
» dudit décret; que, si, de cette prise de possession irrégulière, il est résulté pour le sieur Choël des inconvénients, il ne saurait être fondé à en rendre l'administration responsable et à lui demander la réparation du
» préjudice qu'il prétend avoir subi ;

» Considérant que, si le sieur Choël allègue que le
» terrain occupé appartenait à l'Etat, il n'est pas contesté
» que ce terrain était, antérieurement à l'adjudication,
» loué à des indigènes envers lesquels l'entrepreneur aurait dû, dans tous les cas, remplir les formalités ci-dessus spécifiées... (Rejet). »

411 — Un pré clos, servant à la fabrication des briques, ne peut être considéré comme dépendant d'une maison d'habitation et, comme tel, exempté de la servitude d'occupation temporaire, s'il est séparé de l'habitation par une route nationale.

ARRÊT DU 6 FEVRIER 1885. — *Bonnaud frères.*

« Considérant qu'en vertu de l'arrêt du Conseil du
» 7 septembre 1755, l'occupation temporaire pour l'exécution de travaux publics ne peut porter sur les lieux
» entourés de murs ou autres clôtures équivalentes, suivant les usages du pays ; mais que l'exception stipulée
» en faveur des lieux fermés ne peut, d'après l'arrêt du
» Conseil du 20 mars 1780, s'entendre que des cours,
» jardins, vergers et autres possessions de ce genre, attenant aux habitations ;

» Considérant que les parcelles de terrain, dont l'occu-
» pation temporaire a été autorisée par l'arrêté préfec-
» toral du 28 mars 1882, sont en nature de pré et se
» trouvent séparées de la maison d'habitation des sieurs
» Bonnaud par la route nationale n° 11; que, dans ces
» circonstances, les requérants ne sont pas fondés à soute-
» nir que leur propriété se trouve dans l'un des cas
» d'exemption établis en faveur des terrains clos et for-
» mant une dépendance d'une maison d'habitation par
» les arrêts du Conseil des 7 septembre 1755 et 20 mars
» 1780 ; »

412 — Les dépôts de déblais sur un terrain constituent une occupation temporaire et donnent lieu à indemnité, lorsque leur hauteur empêche un moulin à vent de fonctionner.

ARRÊT DU 31 JANVIER 1890. — *Bompoint-Nicot.*

« Considérant qu'il résulte du rapport d'expertise ci-
» dessus visé, que les agents de l'Etat ont effectué des
» dépôts de matériaux, provenant du bassin de la Pal-
» lice, sur des terrains qu'ils ont été autorisés à occuper
» et qui sont la propriété du sieur Bompoint-Nicot ; que
» les remblais qui ont été ainsi élevés dans la direction
» du vent règnant dans la contrée, font obstacle au fonc-
» tionnement du moulin du requérant ; qu'en outre, ils
» ont eu pour effet, en modifiant les conditions de l'écou-
» lement des eaux, d'aggraver les inondations qui s'é-
» taient antérieurement produites, et, par suite, de ren-
» dre plus difficile la location des chambres situées dans
» un bâtiment séparé du moulin ; que le requérant a droit
» à une indemnité, à raison de la dépréciation définitive
» qui a été ainsi causée à sa propriété. »

413 — La servitude d'occupation temporaire créée par les arrêts du Conseil de 1755 et de 1780 peut-elle être imposée, en dehors du cas d'enclave, et simplement dans le but de faciliter le transport à pied d'œuvre des matériaux nécessaires à un travail public?

C'est là une question délicate et qui est encore sans solution.

414 — Cependant, dès 1881, la majorité du Conseil général des ponts et chaussées l'avait résolu dans le sens de la négative, par l'avis ci-après — rapporté dans le *Recueil des arrêts du Conseil d'Etat*, 1881, P. 789, en note.

« Une discussion s'engage — dit ce document — sur » la légalité du droit de passage pour le transport des » matériaux, ou du moins sur le mode de justification » légale de ce droit. Plusieurs membres affirment avec » M. le rapporteur, que le droit de passage est, dans » tous les cas, le corollaire obligé du droit d'extraction » et dérive logiquement des arrêts du 7 septembre 1755 » et 20 mars 1780. Suivant les opinants, la servitude » légale, explicitement consacrée par ces arrêts, a pour » but d'assurer aux travaux publics les matériaux de » construction qui conviennent le mieux dans chaque cas, » notamment au point de vue du prix de revient à pied » d'œuvre. Ce but d'économie finale est indirectement, » mais nettement indiqué dans l'article 2 de l'arrêt de » 1755, par la recommandation de ne faire prendre des » matériaux *dans les bois appartenant à Sa Majesté aux* » *gens de mainmorte, que lorsqu'* « *on ne pourrait s'en* » *dispenser, sans augmenter considérablement le prix des* » *matériaux.* » Or, l'itinéraire à suivre pour le transport » est un élément plus ou moins important du prix de » revient. L'arrêt de 1755 suffit donc pour réfuter le » premier des deux griefs sur lesquels repose le pourvoi. » D'autres membres contestent cette interprétation de » l'arrêt de 1755 et l'application qu'on en veut faire au » droit de passage. Sans citer aucun autre texte de loi, » ils croient préférable de s'en référer au droit général » d'occupation temporaire que l'administration possède » en matière de travaux publics, droit consacré par une

» pratique constante et implicitement reconnue par le » décret du 8 février 1868, qui en a règlementé l'usage. » Ce point de vue est adopté par le Conseil. (Avis du » Conseil des ponts et chaussées du 10 janvier 1881 ; » M. Delestrac, rapporteur). »

415 — Mais le Conseil d'Etat ne s'est pas encore prononcé; l'arrêt suivant ayant laissé la question irrésolue.

ARRÊT DU 5 AOUT 1881. — *Compagnie des Salins du Midi* (déjà cité).

« Sans qu'il soit besoin de statuer sur le surplus des » moyens présentés par la Compagnie à l'appui de son » recours :

» Considérant que la chaussée Saint-Nicolas, qui appar- » tient à la Compagnie des Salins du Midi, est fermée » par une barrière du côté du port des Salins, et barrée » à son autre extrémité, du côté de la route nationale » n° 98, par une maison appartenant à la Compagnie et » habitée, sous la voûte de laquelle elle passe et dont la » porte lui sert de clôture ; que, dans ces conditions, la- » dite chaussée constitue une propriété close dans le sens » des arrêts ci-dessus visés de 1755 et 1780, dont il » n'appartenait pas au préfet du Var d'autoriser l'occu- » pation ; qu'il y a lieu, par suite, de décider que les ar- » rêtés du préfet, qui ont autorisé cette occupation, seront » tenus pour non avenus, et d'ordonner que cette occu- » pation cessera pour l'avenir, ensemble d'annuler l'ar- » rêté du Conseil de préfecture et de renvoyer les parties » devant ledit Conseil pour être statué, après expertise, » sur l'indemnité à laquelle la Compagnie pourra avoir » droit pour le passé, à raison de l'occupation de sa » chaussée par les sieurs Ambard et Vola... »

416 — Nous pensons avec *M. Aucoc*, T. 2, n° 788 que, hors le cas d'enclave, l'occupation temporaire ne peut être imposée pour *faciliter simplement* le transport des matériaux.

417 — Il faut en effet, pour légitimer en quelque sorte cette servitude, une nécessité démontrée et non pas seulement une simple commodité.

Si l'on comprend très bien qu'une carrière étant découverte dans un terrain fermé de toutes parts, il soit absolument nécessaire, pour en sortir les matériaux, d'occuper les terrains qui séparent cette carrière des chantiers pour y pratiquer des voies d'accès, il n'en est pas de même lorsque des chemins praticables existant, l'entrepreneur demande à en établir d'autres sur des terrains privés, parce que ceux-ci seraient plus commodes et plus courts.

Il est clair que, dans le premier cas, l'occupation demandée ne peut pas être refusée, tandis qu'elle doit l'être dans le second.

418 — En pareil cas, du reste, c'est la question de fait qui domine. Les tribunaux administratifs ont donc le droit et le devoir d'apprécier : quand l'occupation est nécessaire ou quand, au contraire, elle est abusive.

CHAPITRE IV

Formalités auxquelles donnent lieu les occupations temporaires

419 — Les occupations temporaires donnent lieu aux mêmes formalités que les extractions de matériaux.

420 — Elles sont opérées par les mêmes agents de l'administration : concessionnaires, fournisseurs, entrepreneurs. Elles ont lieu dans les mêmes cas, aux mêmes conditions et pour les mêmes travaux publics régulièrement autorisés.

421 — Tout ce qui a été dit dans la première partie de ce livre relativement aux extractions de matériaux est donc applicable à la deuxième, concernant les occupations temporaires.

422 — Il convient cependant de citer les décisions qui ont été rendues spécialement dans des cas d'occupations temporaires.

Le Conseil d'Etat a jugé que :

423 — Il a été satisfait aux prescriptions de l'article 17 de la loi du 21 mai 1836, relatif aux occupations temporaires de terrains pour la construction des chemins vicinaux, lorsque l'arrêté a été notifié dix jours d'avance au propriétaire et qu'il a été averti du jour où la visite des lieux serait faite.

Arrêt du 28 septembre 1873. — *Timoléon d'Ortoli.*

« Sur les conclusions tendant à l'annulation de l'arrêté

» du Conseil de préfecture de la Corse, du 16 sep-
» tembre 1872 ;

» Sur le grief tiré de ce que l'arrêté préfectoral du » 15 mars 1872 n'aurait pas été notifié dix jours d'a- » vance au requérant : — Considérant qu'il résulte de » l'instruction que le requérant a reçu, le 2 avril 1872, » notification de l'arrêté du préfet autorisant l'occupa- » tion temporaire de terrains lui appartenant ; qu'il a été » averti en même temps que la visite des lieux se ferait » le 12 avril suivant, qu'il ne s'est pas présenté à cette » visite, qu'il n'a pas choisi d'expert et que l'occupation » temporaire de son terrain n'a commencé que le 25 avril » après une nouvelle mise en demeure à lui adressée par » l'agent-voyer ; que, dès lors, il a été satisfait aux pres- » criptions de l'article 17 de la loi du 21 mai 1836 ; »

424 — Le propriétaire d'un terrain dont l'occupation temporaire a été autorisée ayant formé opposition devant le Conseil de préfecture, le préfet a pu rapporter son arrêté autorisant l'occupation.

Arrêt du 22 décembre 1876. — *Liandier.*

« Considérant que, par son arrêté du 24 février 1875, » rendu sur la réclamation des époux Bussière, le préfet » du Puy-de-Dôme a rapporté un précédent arrêté par le- » quel il avait autorisé le sieur Liandier, entrepreneur de » travaux, à occuper temporairement une parcelle de ter- » rain appartenant à la dame Bussière ; que cet arrêté a » été pris par le préfet dans la limite de ses pouvoirs et » n'est pas de nature à être déféré au Conseil d'Etat par » voie contentieuse ;

» Considérant, d'autre part, que l'opposition que les » époux Bussière avaient formée devant le Conseil de » préfecture étant ainsi devenue sans objet, c'est avec » raison que le Conseil de préfecture a déclaré qu'il n'y » avait pas lieu à statuer. »

425 — Un arrêté du Conseil de préfecture, qui a décliné sa compétence en se fondant sur ce que les entrepreneurs, en convertissant en lieu de dépôt un terrain dont l'occupation n'aurait été autorisé qu'en vue d'une extraction de matériaux avaient excédé les droits qu'ils tenaient de l'arrêté préfectoral d'autorisation *doit être annulé*; l'autorisation comprenant le droit de déposer des matériaux et déblais.

ARRÊT DU 4 JUILLET 1879. — *Dubos, Capy et Cie.*

« Considérant que, par son arrêté du 24 novembre » 1876, le préfet de la Seine a autorisé les sieurs Dubos, » Capy et Cie à occuper temporairement plusieurs empla- » cements ; que cette autorisation, dans les termes géné- » raux où elle était conçue, impliquait pour les entrepre- » neurs susdésignés la faculté de déposer sur les terrains » occupés des matériaux ou des déblais, et qu'il résulte » même des énonciations du plan annexé au rapport du » commissaire général de l'expertise, sur le vu duquel » l'arrêté du préfet a été rendu, que l'autorisation d'oc- » cuper le terrain avait été demandée et accordée en vue » d'y effectuer des dépôts de cette nature;... qu'en consé- » quence, il appartenait au Conseil de préfecture de sta- » tuer sur les réparations qui pouvaient être dues aux » propriétaires ; et que c'est à tort que, par l'arrêté atta- » qué, le Conseil de préfecture s'est déclaré incompé- » tent. »

426 — Un préfet ne peut, sans excès de pouvoir, autoriser l'occupation temporaire d'un terrain en vue d'étudier le tracé d'un chemin de fer et d'y commencer un tunnel, la prise de possession ne pouvant, dans ces circonstances, avoir lieu qu'après expropriation.

ARRÊT DU 6 JUIN 1879. — *Remize* (déjà cité).

« Considérant qu'il résulte de l'instruction que les tra- » vaux en vue desquels l'occupation des terrains du sieur » Remize a été autorisée... constituant en réalité un » commencement d'exécution du tunnel, qu'ils avaient

» ainsi pour effet d'entraîner la suppression définitive ; » qu'il suit de là qu'il n'appartenait pas au préfet d'au- » toriser l'occupation de ces terrains, mais que l'adminis- » tration ne pouvait être mise légalement en possession » desdits terrains qu'après l'accomplissement des forma- » lités prescrites par la loi du 3 mai 1841. (Arrêtés du » Conseil de préfecture et du préfet annulés).

427 — L'entrepreneur qui a occupé des terrains sans avoir accompli les formalités prescrites par le décret du 8 février 1868, n'est pas fondé à demander à l'administration la réparation du préjudice résultant pour lui de la résistance des propriétaires à l'exécution des travaux d'extraction.

ARRÊT DU 19 MAI 1882. — *Choël* (déjà cité).

» Mais, considérant qu'il résulte de l'instruction et » qu'il n'est pas contesté que le sieur Choël a occupé les- » dits terrains sans l'accomplissement préalable des » formalités légales prescrites par le décret du 8 février » 1868, et notamment sans avoir fait aux propriétaires la » notification imposée à l'entrepreneur par l'article 4 du » dit décret ; que si, de cette prise de possession irrégu- » lière, il est résulté, pour le sieur Choël des inconvé- » nients, il ne saurait être fondé à en rendre l'adminis- » tration responsable et à lui demander la réparation du » préjudice qu'il prétend avoir subi. »

428 — Lorsque l'entrepreneur a dépassé la contenance autorisée par l'arrêté d'occupation, son occupation est irrégulière pour tout l'excédant.

ARRÊT DU 17 NOVEMBRE 1882. — *De Carbon-Ferrières.*

« Considérant que : il n'est pas contesté que le sieur » Audbert a occupé 150 ares de terrain, tandis que l'ar- » rêté préfectoral du 24 février 1875 n'avait autorisé cet » entrepreneur qu'à occuper une contenance de 87 ares

» 50 centiares ; que dès lors, il n'appartenait qu'à l'autorité judiciaire de statuer sur le règlement de cette occupation irrégulière portant sur 62 ares 50 centiares ; »

429 — Lorsque l'occupation est limitée, à la durée des travaux, la circonstance que les dépôts modifient définitivement la nature du sol ne saurait équivaloir à une expropriation.

ARRÊT DU 6 FÉVRIER 1885. — *Bonnaud frères.*

« *Sur le moyen tiré* de ce que l'occupation des terrains » des sieurs Bonnaud serait indefinie et constituerait une » véritable expropriation : — Considérant qu'il résulte de » l'instruction que l'occupation des parcelles de terrain » appartenant aux sieurs Bonnaud a été autorisée pour » faciliter les travaux du troisième bassin à flot du port » de commerce de Rochefort et se trouve limitée à la durée desdits travaux; que d'autre part, même en admettant que les dépôts des déblais opérés sur lesdites » parcelles aient pour effet de modifier complètement la » nature du sol, cette circonstance ne saurait faire considérer l'occupation dont s'agit comme équivalant à une » véritable expropriation. (Rejet).

430 — Un arrêté d'occupation peut être régulièrement signé par le secrétaire général, par délégation du préfet.

ARRÊT DU 1er MAI 1885. — *Plard.*

« Considérant qu'il résulte de l'instruction qu'en signant » l'arrêté autorisant l'occupation des terrains appartenant » au sieur Plard, le secrétaire général a agi en vertu d'une » délégation donnée à cet effet par le préfet, qu'ainsi le » requérant n'est pas fondé à soutenir que ledit arrêté est » nul comme émané d'une autorité incompétente. »

CHAPITRE V

Règles à observer pendant les occupations temporaires

431 — Tout ce que nous avons dit à ce sujet (p. 81 et suivantes) à propos des extractions de matériaux, s'applique exactement aux occupations temporaires.

Les mêmes dispositions légales leur sont communes. Il est donc inutile de les reproduire de nouveau.

432 — Mais une distinction est nécessaire. La servitude d'occupation temporaire étant pour le propriétaire une véritable privation de jouissance et pour l'occupant un droit d'usufruit de la superficie du terrain, aux règles spéciales administratives qui la régissent, il faut ajouter celles du droit commun.

433 — Les articles suivants du code civil lui sont donc applicables :

« Article 1728. — Le preneur est tenu de deux obligations principales :

1° D'user de la chose louée en bon père de famille, et suivant la destination qui lui a été donnée par le bail, ou suivant celle présumée d'après les circonstances, à défaut de convention ;

2° De payer le prix du bail aux termes convenus. (P. C. 819.)

« Art. 1780. — S'il a été fait un état des lieux entre le bailleur et le preneur, celui-ci doit rendre la chose telle qu'il

12

l'a reçue, suivant cet état, excepté ce qui a péri ou a été dégradé par vétusté ou force majeure (C. 1755, 1884.)

« Art. 1731. — S'il n'a pas été fait d'état des lieux, le preneur est présumé les avoir reçus en bon état de réparations locatives, et doit les rendre tels, sauf la preuve contraire (C. 1754 s.)

« Art. 1732. — Il répond des dégradations ou des pertes qui arrivent pendant sa jouissance, à moins qu'il ne prouve qu'elles ont eu lieu sans sa faute. (C. 1754, s. 2102.) »

434 — Il en résulte pour l'occupant des obligations nettement précisées.

Notamment, il est tenu aussitôt après l'occupation, de remettre le sol occupé dans son état primitif, ou de payer au propriétaire le montant des frais nécessaires pour rétablir ce premier état. Mais comme nous le verrons plus loin, ce principe n'est pas admis par le Conseil d'Etat.

CHAPITRE VI

Mode de fixation de l'indemnité due pour occupation temporaire

435 — « En matière d'occupation temporaire, il ne » peut s'agir que d'une indemnité de dépréciation. (Per- » riquet, *Traité des travaux publics*, T. 2, nº 1153). »

436 — « Quant au calcul de l'indemnité due pour » occupation temporaire, il doit être fait d'après les rè- » gles que nous avons indiquées pour l'extraction des » matériaux. En principe, elle doit comprendre la répa- » ration du préjudice subi et pas autre chose. (Auger, » T. 2, nº 2256.)

437 — « Toutefois — dit M. Aucoc, *Conférences*, » 1886, T. 2, nº 790, — les règles relatives au calcul de » l'indemnité, sont celles que l'on suit pour les domma- » ges ordinaires. La nature des choses ne permet pas » d'appliquer ici les distinctions établies pour les cas » d'extraction de matériaux. »

438 — Le principe est donc celui-ci :

Le propriétaire doit être indemnisé aussi bien de la jouissance dont il a été privé que du bénéfice qu'il aurait pu retirer de son terrain.

439 — Ainsi, dès le 12 juillet 1864, le Conseil d'Etat, dans son arrêt *Claye*, décidait que le propriétaire d'une fabrique, obligé de louer un autre terrain que celui occupé, pour y rétablir sa fabrique, avait droit aux nouveaux frais de construction et au prix de location de ce terrain.

440 — Il faut toutefois établir une différence entre l'extraction de matériaux et l'occupation temporaire, que semble assimiler le décret du 8 juin 1868.

441 — Pour l'extraction de matériaux, l'indemnité en comprend ou non la valeur, suivant qu'ils sont extraits d'une carrière en exploitation, ou dans une carrière non exploitée.

442 — Pour l'occupation temporaire, qui n'est qu'une prise de possession provisoire, il ne peut s'agir que de la réparation du dommage éprouvé. L'indemnité doit donc être l'équivalent de la dépréciation du terrain ou du préjudice causé.

— Ainsi, il a été jugé que :

443 — L'indemnité pour occupation temporaire doit être calculée en tenant compte seulement : 1° de la surface occupée et non de toute celle dont l'occupation était autorisée ; 2° du dommage causé.

444 — Il n'y a pas lieu à indemnité pour arbres abattus, quand ces arbres ont été remis à la ville qui avait fait procéder à un abattage général pour établir une nouvelle plantation.

445 — Le relèvement partiel du pavage d'une promenade donne lieu à indemnité.

Arrêt du 1er juin 1877. — *Compagnie des Chemins de fer de Paris-Lyon-Méditerranée* contre *Ville de Sisteron.*

« Sur le chef d'indemnité relatif à l'occupation des
» terrains communaux :
» Considérant que, par l'arrêté ci-dessus visé du pré-
» fet des Basses-Alpes, en date du 11 mai 1870, la Com-
» pagnie des chemins de fer de Paris-Lyon-Méditerranée

» a été autorisée à occuper temporairement un certain » nombre de parcelles de terrain faisant partie de la promenade publique et des voies publiques de la ville de » Sisteron ;

» Mais, considérant qu'il résulte de l'instruction que la » Compagnie n'a occupé qu'une partie de la promenade » publique, et qu'il sera fait une juste appréciation de » l'indemnité due par la Compagnie à la ville de Sisteron, en réduisant au chiffre de 500 francs l'indemnité » de 3,447 fr. 97 c., qui a été allouée à la ville par le » Conseil de préfecture ;

» Sur le chef d'indemnité relatif à l'abattage de deux » arbres sur la promenade publique : — Considérant » qu'il résulte de l'instruction, et qu'il n'est pas d'ailleurs » contesté par la ville, que celle-ci a fait abattre tous les » arbres de la promenade publique pour les remplacer » par des plantations nouvelles ; que, dès lors, l'abattage » de deux de ces arbres par la Compagnie, qui les a remis à la ville pour être vendus, n'a causé à la ville aucun dommage dont la Compagnie lui doive réparation, » et que c'est à tort que le Conseil de préfecture a, pour » ce fait, condamné la Compagnie à une indemnité de » 200 fr. envers la ville de Sisteron ;

» Sur le chef d'indemnité relatif au relèvement de » certaines parties du pavé de la promenade : — Considérant, d'une part, que le Conseil de préfecture, conformément à l'avis des experts, a alloué de ce chef à la » ville une indemnité de 84 francs, et que la Compagnie » n'a contesté ni le principe ni la quotité de cette indemnité ;

» Considérant, d'autre part, que la ville, tout en demandant, que le chiffre en soit porté à 450 francs, ne » justifie pas de l'insuffisance du chiffre alloué par l'arrêté attaqué ; que, dans ces circonstances, il y a lieu de » maintenir le chiffre de l'indemnité tel qu'il a été fixé » par le Conseil de préfecture ;

» Sur le chef d'indemnité relatif au dommage causé » par les travaux de la Compagnie au bâtiment commu-

» nal, dit la Poudrière : — Considérant qu'il résulte de » l'instruction que, si la Poudrière était déjà dégradée » antérieurement aux travaux effectués par la Compagnie, » lesdits travaux ont augmenté la dégradation ; que, dès » lors il y a lieu, en tenant compte de l'état dans lequel » se trouvait ce bâtiment au moment où les travaux ont » commencé, de mettre à la charge de la Compagnie une » partie seulement des réparations ; qu'il résulte des piè- » ces du dossier qu'une somme de 1,100 francs sera né- » cessaire pour réparer complètement la Poudrière, et » qu'il sera fait une juste appréciation du dommage » causé par les travaux de la Compagnie en mettant à la » charge de celle-ci la moitié de ladite somme, soit une » indemnité de 550 francs. »

446 — Il est dû une indemnité pour :
Les arbres abattus et le prix de leur remplacement;
Pertes de vue et d'ombrage;
Privation de jouissance des terrains occupés.

Arrêt du 26 juillet 1878. — *Compagnie des Chemins de fer du Midi et du canal latéral à la Garonne.*

« En ce qui touche la valeur des arbres abattus et le » prix fixé pour leur remplacement, ainsi que la somme » allouée pour frais de démolition et de reconstruction » d'un mur de 8 mèt. 40 cent. de longueur : — Considérant que la Compagnie des chemins de fer du Midi » n'établit pas que les indemnités allouées, sur ces di- » vers points, au sieur Detcheverry par le Conseil de » préfecture, conformément à l'avis du tiers-expert, » soient exagérées ;

» En ce qui concerne l'indemnité pour pertes de vue et » d'ombrage : — Considérant qu'il résulte de l'instruc- » tion que les travaux exécutés par la Compagnie des » chemins de fer du Midi, sur les terrains qu'elle a oc- » cupés, ont eu pour effet d'abaisser notablement le ni- » veau du sol d'une partie de la propriété du sieur Det- » cheverry, consistant en un jardin d'agrément situé près » de l'habitation ; que la dépréciation résultant, pour la-

» dite propriété, de la perte d'ombrage et de vue, par » suite de l'occupation, est de nature à donner au sieur » Detcheverry droit à une indemnité; qu'il résulte de » l'instruction et notamment de l'avis du tiers-expert, » qu'il sera fait une juste appréciation de cette indemnité » en la fixant à la somme de 6,000 francs ;

» En ce qui touche les conclusions de la Compagnie » des chemins de fer du Midi, tendant à ce que l'indem- » nité annuelle pour privation de jouissance des terrains » occupés à la gauche du chemin de fer, ne soit allouée » que pour le temps écoulé du mois de juin 1863 au mois » de juin 1867 : — Considérant qu'il n'est pas contesté » que c'est avec raison que ladite indemnité a été allouée » à compter du 1er juin 1863 ; que la Compagnie requé- » rante n'établit pas que l'occupation des terrains situés » à gauche du chemin de fer ait cessé à la date du 26 » juin 1867 ; qu'il résulte au contraire de l'instruction, » et, notamment, de la constatation faite par le tiers- » expert, que l'occupation durait encore à la date du 31 » décembre 1873 ; que, dans ces circonstances, c'est avec » raison que le Conseil de préfecture a décidé que l'in- » demnité pour privation de jouissance de terrains si- » tués à gauche du chemin de fer, serait due à compter » du 1er juin 1863, jusqu'au jour de la cessation de l'oc- » cupation. »

447 — Une indemnité doit être allouée au propriétaire pour dépréciation définitive d'une parcelle de terrain sur laquelle des débris de toutes sortes ont été déposés et laissés à la fin de l'entreprise.

Arrêt du 13 mai 1881. — *Falaise.*

« En ce qui touche les indemnités réclamées pour pri- » vation de jouissance et dépréciation définitive de par- » celles de terrain: — Considérant qu'il résulte de » l'instruction que le Conseil de préfecture en décidant, » conformément à la proposition du tiers-expert, que le » sieur Falaise aura droit à une indemnité pour privation » de jouissance de 102 ares de terrain pendant trois

» années, et en fixant à 198 fr. 90 c. le montant de ladite » indemnité, a fait une exacte appréciation de l'affaire;

» Mais considérant que le sieur Falaise justifie, en » outre, de la dépréciation définitive d'une parcelle de » 51 ares sur laquelle des débris de toutes sortes ont été » déposés et laissés en fin d'entreprise; qu'il a droit à » une indemnité pour ce dommage, et que, d'après l'ins- » truction, cette indemnité sera équitablement fixée » à 225 francs, à raison de 5 francs par are. »

448 — Il en est de même lorsque les excavations ont retiré de la culture une partie du terrain occupé et amoindri sa valeur.

Arrêt du 18 mars 1881. — *Bridet* et *Deruad.*

« Au fond: — Considérant que les excavations prati- » quées dans la propriété des consorts Borne ont eu » pour effet, d'une part, de soustraire à la culture, » en laissant à nu le roc, une surface de 349 mètres » carrés, et d'autre part, à raison de la nouvelle configu- » ration du sol, d'amoindrir considérablement la valeur » de cette propriété et de nécessiter la construction d'ou- » vrages de défense pour arrêter l'éboulement des terres » et prévenir les dangers de chute pour les personnes. »

449 — Le retard apporté par l'occupation temporaire à des projets de construction du propriétaire du terrain, ne lui ouvre pas un droit à indemnité.

Arrêt du 16 novembre 1877. — *Lalanne.*

« Sur les conclusions du sieur Lalanne, tendant à ob- » tenir une indemnité de 2,000 francs pour le dommage » résultant pour lui du retard apporté par l'occupation » de son terrain à la réalisation des projets relatifs à la » construction d'une maison où il aurait établi des co- » lons pour cultiver ses terres : — Considérant qu'en » admettant l'existence du préjudice allégué, ce dommage » n'est pas de nature à ouvrir en sa faveur le droit de » réclamer une indemnité.

450 — Lorsque l'occupation s'exerce sur une propriété de rapport et d'agrément, l'indemnité accordée doit tenir compte de ces deux natures de dépréciation.

Arrêt du 5 février 1886. — *Compagnie Paris-Lyon-Méditerranée* contre *Fichard.*

« Considérant qu'il résulte de l'instruction, notamment » des procès-verbaux d'expertise et de tierce-expertise, » que l'ouverture d'une carrière dans la propriété de la » Balme a eu pour effet, non-seulement d'enlever toute » sa valeur à la partie de cette propriété qui a été fouil- » lée, mais encore d'en déprécier le surplus d'une façon » notable » ;

451 — Lorsqu'une carrière n'a pas d'accès pour les voitures, l'entrepreneur a le droit d'en établir une, mais le propriétaire, qui reçoit déjà le prix des matériaux extraits, ne peut réclamer une indemnité spéciale pour la destruction des récoltes et l'occupation du sol nécessaire à l'établissement de la voie d'accès.

Arrêt du 11 mai 1888. — *Gaillot* contre *veuve de Chivré.*

« Sur le recours incident de la dame de Chivré, ten- » dant à l'allocation d'une indemnité supplémentaire » pour destruction de récoltes et occupation tempo- » raire du sol nécessaire à l'établissement d'une voie » d'accès:

» — Considérant qu'il résulte de l'instruction que le che- » min voisin de la ballastière étant inabordable aux voi- » tures, l'extraction des matériaux rendait indispensa- » sable l'établissement d'une voie d'accès, et que le dom- » mage éprouvé de ce chef par la dame de Chivré trouve » une réparation suffisante dans l'attribution de la valeur » des matériaux telle qu'elle a été fixée ci-dessus ; qu'il y » a lieu, dès lors, de rejeter le recours incident de la » dame de Chivré ;

452 — Une indemnité est due à celui qui a acquis du propriétaire du terrain le droit d'extraire des matériaux, par l'entrepreneur autorisé à occuper ce même terrain.

ARRÊT DU 29 JUIN 1888. — *Perrot* contre *Alasseur frères.*

« Considérant que le sieur Perrot soutient que les » sieurs Alasseur n'étaient pas recevables à lui réclamer directement une indemnité à raison de l'occupa- » tion temporaire de terrains appartenant au sieur Des- » chandellier ;

» Considérant que les sieurs Alasseur, qui se sont ren- » dus, en vertu d'une convention passée entre eux et » ledit sieur Deschandellier, le 22 février 1881, acqué- » reurs de matériaux à extraire dans les terrains dont » s'agit, avaient un intérêt distinct de celui du sieur » Deschandellier et que ladite convention était oppo- » sable aux tiers en l'absence même de toute notification » à eux faite ; qu'ainsi les sieurs Alasseur étaient rece- » vables à exercer directement une action contre le sieur » Perrot, à raison des dommages qu'ils prétendent être » résultés pour eux de l'occupation temporaire des ter- » rains ;

» Considérant que le requérant soutient en outre que » ladite convention, ayant été passée à une époque où les » terrains dont il s'agit étaient frappés de la servitude » d'occupation temporaire à son profit, et alors qu'on ne » pouvait considérer ces terrains comme des carrières » en exploitation dans le sens de la loi du 16 septembre » 1807, aucune indemnité pour extraction de matériaux » ne pouvait être due aux sieurs Alasseur ;

» Considérant que l'arrêté attaqué ne fait pas obstacle » à ce que le Conseil de préfecture, après qu'il aura été » procédé à l'expertise, reconnaisse que les sieurs Alas- » seur ne sont fondés à réclamer au sieur Perrot aucune » indemnité... (Rejet avec dépens). »

453 — Il y a lieu de tenir compte, dans le calcul de l'indemnité, du double préjudice résultant de ce que, par suite de l'établissement temporaire d'une voie d'accès, le propriétaire du terrain a été obligé de faire garder son bétail par un vacher, et, n'ayant pu se clore, laisser sa propriété livrée aux dégradations.

ARRÊT DU 15 FÉVRIER 1889. — *Perié frères.*

« Considérant, d'une part, qu'il est établi par l'ins-
» truction que l'occupation temporaire des frères Perié
» en vue de l'établissement d'une voie ferrée destinée
» au transport des matériaux pour la construction du
» bassin de Bordeaux, a eu pour effet, non-seulement
» d'enlever aux propriétaires la jouissance des terrains
» servant d'assiette à la voie, mais encore de les obliger
» à faire garder le bétail parqué dans leur domaine ; que
» de plus, des *dégradations commises par les passants*
» *ont été la conséquence* de l'impossibilité où les frères
» Périé se sont trouvés de clore leur propriété pendant
» la durée de l'occupation ; *que ce double préjudice est de*
» *nature à leur ouvrir un droit à indemnité*, et que c'est
» avec raison que le Conseil de préfecture en a tenu
» compte pour évaluer le montant total de l'indemnité
» qui leur est due, à raison de l'occupation pratiquée par
» le sieur Pernard ; »

454 — Une indemnité est due au propriétaire d'un moulin à vent ayant cessé de fonctionner et d'un bâtiment exposé aux inondations, par suite de dépôts de déblais effectués sur un terrain à une grande hauteur.

ARRÊT DU 1er FÉVRIER 1890. — *Bompoint-Nicot* (déjà cité.)

« Considérant qu'il résulte du rapport d'expertise ci-
» dessus visé que les agents de l'Etat ont effectué des
» *dépôts de matériaux*, provenant du bassin de la Palisse,
» sur des terrains qu'ils ont été autorisés à occuper et
» qui sont la propriété du sieur Bompoint-Nicot ; que les
» remblais qui ont été ainsi élevés dans la direction du
» vent régnant dans la contrée, font obstacle au fonc-
» tionnement du moulin du requérant ; qu'en outre, ils
» ont eu pour effet, en modifiant les conditions de l'écou-
» lement des eaux, d'aggraver les inondations qui s'étaient
» produites, et, par suite, de rendre plus difficile la loca-

» tion des chambres situées dans un bâtiment séparé du » moulin ; que le requérant a droit à une indemnité à » raison de la dépréciation définitive qui a été ainsi cau- » sée à sa propriété. »

455 — L'évaluation des terrains faite au cours de de l'occupation et à la fin d'une première campagne, n'acquiert pas force de chose jugée pour les campagnes ultérieures.

Arrêt du 18 février 1887. — *Compagnie des chemins de fer du Midi* contre *Latour-Dejean.*

« Considérant que si, par son arrêté du 12 mars 1869, » le Conseil de préfecture avait fait une évaluation des » terrains occupés par la Compagnie requérante, il lui » appartenait après une deuxième campagne de procéder » à une nouvelle estimation desdits terrains et qu'il ré- » sulte de l'instruction qu'il a fait une juste appréciation » des circonstances de l'affaire. »

456 — Lorsqu'un entrepreneur a été autorisé par un arrêté du maire à occuper la plate-forme d'un chemin vicinal ordinaire, pour l'établissement provisoire d'un chemin de fer, et à en abaisser le niveau moyennant le paiement à la commune d'une redevance par mètre courant, il ne peut se refuser au paiement de cette redevance, parce qu'elle serait supérieure au prix des matériaux, dont l'abaissement du sol du chemin lui aurait permis de profiter.

Arrêt du 28 mars 1888. — *Joncourt* contre *commune de Sarron.*

» Considérant que l'arrêté du maire de Sarron, en date » du 21 septembre 1879, qui a autorisé le requérant à se » servir d'une partie du chemin vicinal n° 2, pour y éta- » blir provisoirement une voie ferrée, et même en abais- » ser le niveau entre les points déterminés, a mis à sa » charge, comme conditions expresses de cette autorisation, » le paiement d'une redevance de 8 francs par mètre » courant, et les travaux à exécuter pour rétablir le che-

» min, suivant un profil déterminé ; que, pour se refuser
» au paiement de cette redevance, le sieur Joncourt n'est
» pas fondé à se prévaloir de cette circonstance qu'elle
» serait supérieure à la valeur du cube net de déblais,
» dont l'abaissement du sol dudit chemin lui aurait per-
» mis de profiter ; qu'il suit de là que c'est à bon droit
» que le Conseil de préfecture, sans ordonner l'expertise
» demandée par le sieur Joncourt, l'a condamné au paie-
» ment d'une somme de 1,400 francs pour 175 mètres de
» chemin abaissé ; »

457 — Les évaluations effectuées en exécution du décret du 8 février 1868, avant l'occupation du terrain ne lient pas le juge qui peut allouer une indemnité inférieure à celle arrêtée par les experts.

ARRÊT DU 21 FÉVRIER 1890. — *Lemière.*

« Considérant que si, d'après les dispositions du dé-
» cret du 8 février 1868, l'état des lieux doit être cons-
» taté par deux experts et *l'évaluation des arbres* frui-
» tiers qu'il est nécessaire d'abattre doit être faite avant
» qu'il soit procédé à *l'occupation*, ces constatations et
» évaluations ne constituent que des éléments d'apprécia-
» tion pour le Conseil de préfecture chargé de fixer l'in-
» demnité due au propriétaire. »

458 — L'arrêt du cours des indemnités doit être fixé, non à la date de la notification par la Compagnie que l'occupation a pris fin; mais à l'époque où le propriétaire a pu reprendre possession de sa propriété.

ARRÊT DU 21 JANVIER 1887. — *Gayet.*

« En ce qui touche les années 1878, 1879, 1880 et
» 1881: — Considérant que, si au mois de février 1878,
» la Compagnie des chemins de fer de l'Est a cessé
» d'occuper les terrains du sieur Gayet, et si à la date
» du 1er mai suivant, elle lui a fait connaître que cette
» occupation avait pris fin et lui a notifié des offres
» d'indemnité, il n'est pas établi que ce propriétaire ait

» pu, sans compromettre ses droits, reprendre possession » effective de ses terrains et les remettre en culture » avant le 23 août 1879, date à laquelle il a été procédé, » après l'achèvement des travaux, à la constatation de » l'état des lieux, prescrite par l'article 8 du décret du » 8 février 1868; que, dans ces circonstances, le sieur » Gayet a droit à une indemnité pour la privation des » récoltes des années 1878 et 1879, mais qu'aucune » indemnité ne lui est due pour les années 1880 et 1881. »

459 — Lorsqu'un arrêté préfectoral autorise un entrepreneur à occuper temporairement un terrain jusqu'à l'expiration du marché obligeant l'entrepreneur à les entretenir, l'occupation ne cesse qu'à la réception définitive et non à la réception provisoire.

Arrêt du 20 juin 1890. — *Redon c. Nigoul.*

« Considérant que l'arrêté d'occupation pris par le préfet du département de l'Ariège en date du 15 avril 1887 » a eu pour effet d'autoriser le sieur Redon à occuper les » terrains du sieur Nigoul jusqu'à l'expiration du marché passé par lui avec la Compagnie des chemins de » fer du Midi pour les travaux du ballastage de la ligne » de Tarascon-sur-Ariège à Aix;

» Considérant qu'aux termes de l'article 38 du cahier » des clauses et conditions générales de la Compagnie » du Midi, l'entrepreneur demeure responsable de ses » ouvrages jusqu'à la réception définitive, et qu'il peut » être tenu d'exécuter jusqu'à ce moment les travaux » nécessaires pour les mettre en état de réception; que si, » par les articles 53 et 36 du cahier des charges de son » entreprise, le sieur Redon était dispensé, à partir du » jour de la réception provisoire, des frais de main-d'œuvre » pour l'entretien de ses travaux, il restait chargé de la » fourniture des matériaux; que dans ces circonstances, » il est fondé à soutenir que ladite entreprise, en vue de » laquelle il a reçu l'autorisation d'occuper les terrains » du sieur Nigoul, n'a pris fin qu'au moment de la réception définitive. »

460 — Quels sont les droits du propriétaire lorsque pendant l'occupation temporaire, le terrain a été couvert de déblais?

Peut-il demander le rétablissement des lieux dans leur état primitif?

Ou peut-il au moins réclamer une indemnité équivalente aux frais à faire pour l'enlèvement de ces déblais?

C'est là une question spéciale aux occupations et dont la solution a varié.

461 — « Lorsqu'il y a eu occupation temporaire par » le dépôt de matériaux, — affirme M. Auger, *Traité des* » *Travaux publics*, t. 2, n° 2257 — le propriétaire peut » réclamer, outre l'indemnité pour privation de jouissance » et dépréciation du terrain, les frais nécessaires pour » remettre les lieux dans leur état primitif. C'est là un » point important. »

462 — « Le propriétaire, — dit M. Perriquet, *Traité* » *des Travaux publics*, t. 2, n° 1155, — peut-il exiger une » indemnité comprenant la somme nécessaire pour réta- » blir le terrain dans son état primitif. La question est » importante à raison de ce que, bien souvent l'enlève- » ment des déblais représente une dépense très supé- » rieure à la valeur du terrain.

» La prétention pourrait sembler des mieux fondées. » Lorsque l'administration a offert de verser le prix du » terrain, on a répondu qu'il n'avait tenu qu'à elle de » l'exproprier en payant l'indemnité fixée par le jury, et » que, ayant préféré recourir à l'occupation temporaire, » elle devait réparer intégralement le dommage causé! »

463 — « En principe, — enseigne M. Aucoc, *Conféren-* » *ces* t. 2, 790, — le propriétaire qui subit un dommage, par » suite de l'exécution de travaux publics, a le droit de » demander que les lieux soient remis, autant que possi- » ble, dans l'état primitif. Mais il arrive assez fréquem- » ment, surtout pour l'exécution des travaux de chemins » de fer, que des déblais déposés sur un terrain qui

» avait été désigné pour être occupé temporairement, ont » une telle importance, que les frais d'enlèvement de ces » déblais seraient supérieurs à la valeur du terrain.

» Que faire dans ce cas? Le propriétaire peut-il exiger » le rétablissement des lieux dans l'état primitif? L'ad- » ministration, ou le concessionnaire qui lui est substitué, » peut-il se borner à payer la valeur du terrain?

» Le Conseil d'Etat a paru adopter la première solution » dans quelques arrêts. Mais il faut dire que, dans ce cas, » les déblais paraissaient pouvoir être enlevés sans gran- » des difficultés. On comprend d'ailleurs que le propriétaire » qui se trouve n'avoir plus qu'une propriété nominale » soit fondé à réclamer au moins le prix de son terrain. » Toutefois il ne faut rien exagérer. »

464 — Le principe à appliquer est donc celui posé: 1° Dans l'article 3 de l'arrêté du Conseil du 7 septembre 1755 déjà cité et portant que : « Les propriétaires » de terrains sur lesquels lesdits matériaux auront été » pris *seront pleinement et entièrement dédommagés* de » tout le préjudice qu'ils auront pu en souffrir tant par la » fouille, par l'extraction desdits matériaux, que par les » dégâts auxquels l'enlèvement aurait pu donner lieu.

» Veut, Sa Majesté, que lesdits entrepreneurs *rejettent,* » *en outre, à leurs frais et dépens, dans les fouilles et* » *ouvertures qu'ils auront faites, les terres et décombres* » *qui en seront provenus.* »

2° Dans l'article 1730 du code civil disant que *le preneur* (ou l'occupant) *doit rendre la chose telle qui l'a reçue.*

S'il ne le fait pas, il doit payer par voie de conséquence, la somme nécessaire pour rétablire l'état primitif des lieux.

465 — C'est ce qu'a d'abord décidé le Conseil d'Etat en posant en principe (Arrêt du 8 janvier 1847, *Reiz*) que: « l'indemnité doit être fixée en raison de la priva- » tion de jouissance, mais en tenant compte des frais

» nécessaires pour débarrasser le terrain des déblais qui » y ont été déposés. »

Cette jurisprudence a été maintenue jusqu'en 1858. (Arrêts du 19 juillet 1854, *Léon;* 18 novembre 1858, *Société civile de Marseillette;* 29 décembre 1858, *Borey.*)

466 — Mais à partir de cette époque, il a choisi un système mixte consistant à allouer une indemnité pour dépréciations de toutes natures applicable à tous les dommages en général, et à refuser toute condamnation à l'enlèvement des déblais, ou au paiement d'une somme représentant les frais nécessaires pour cet enlèvement. (Arrêts des 14 juillet 1858, *Chemin de fer du Midi;* 15 décembre 1859, *Lavigne;* 1er mai 1862, *Chemin de fer de l'Est;* 30 juillet 1863, *Giboulot;* 31 mars 1863, *Péard;* 13 juillet 1864, *de Gualdy.*

Et conformément à cette jurisprudence, qui nous paraît absolument contraire aux principes et à la législation, le Conseil d'Etat a jugé que :

467 — Le propriétaire d'un terrain occupé n'a droit qu'à une indemnité à raison du dommage causé, mais n'est pas fondé à exiger l'enlèvement des déblais, ni le rétablissement des lieux dans leur état primitif, ni l'évaluation, par les experts, de la dépense nécessaire à cet effet.

Arrêt du 30 mai 1884. — *Sieur et dame Vallery-Michel.*

« Au fond : — Considérant que la tierce-expertise or- » donnée par le Conseil de préfecture a eu pour objet » l'évaluation de l'indemnité que les requérants étaient » fondés à réclamer, à raison des dommages de toute na- » ture causés à leur propriété par les dépôts qui y ont été » faits et laissés par la Compagnie Paris-Lyon-Méditer- » ranée; que, dès lors, les requérants ne sont pas fondés » à prétendre qu'en fixant la mission du tiers-expert » comme il est dit ci-dessus, l'arrêté attaqué ait fait une

» inexacte appréciation de la nature du dommage dont
» ils réclament la réparation ;

» Sur les conclusions subsidiaires des époux Vallery-
» Michel, tendant à ce que la fixation de l'indemnité à
» eux due soit renvoyée à un jury d'expropriation, con-
» formément à la loi du 3 mai 1841 : — Considérant
» qu'il résulte de l'instruction que le terrain sur lequel
» la Compagnie Paris-Lyon-Méditerranée a déposé des
» déblais, a été restitué aux requérants qui en ont repris
» possession ; que, dès lors, l'indemnité qui pourrait être
» due aux requérants à raison de l'occupation tempo-
» raire de leur terrain devait être appréciée par le Con-
» seil de préfecture, conformément à la loi du 3 mai
» 1841; »

268 — Les experts ne peuvent évaluer l'indemnité due d'après le prix nécessaire pour rétablir les lieux fouillés dans leur état primitif. Ils doivent se borner à évaluer la privation de jouissance et la dépréciation causée à la propriété.

Arrêt du 11 décembre 1885. — *Commune de Saint-Méloir-des-Ondes.*

» Au fond : — Considérant que c'est à tort que les ex-
» perts, au lieu de se borner à évaluer la privation
» de jouissance et la dépréciation causée à la propriété
» du sieur Le Tarouilly, ont calculé l'indemnité à allouer
» audit sieur Le Tarouilly d'après le prix nécessaire
» pour rétablir les lieux dans l'état primitif ; que, dans
» ces circonstances, il y a lieu d'annuler l'arrêté du Con-
» seil de préfecture qui a adopté les conclusions des ex-
» perts, et de renvoyer les parties devant ledit Conseil de
» préfecture pour être après une nouvelle expertise
» statué ce qu'il appartiendra... (Arrêté annulé. Renvoi
» devant le conseil de préfecture pour être statué après la
» nouvelle expertise. Surplus rejeté.)

269 — C'est en se basant sur la nouvelle doctrine inaugurée en 1858, que, malgré les textes cités, M. le ministre des travaux publics donnait — dans une affaire, *Compagnie du Nord* contre *Villecot de Rincquesent* — son avis en ces termes :

« En droit strict, l'occupant ne doit que la réparation » du dommage qu'il a causé matériellement à la pro- » priété pendant l'occupation ; il ne saurait être obligé de » rendre le terrain occupé dans le même état que si l'oc- » cupation n'avait pas eu lieu. — Si, dans quelques arrêts » le Conseil d'Etat a pu prendre pour base d'indemnité » l'enlèvement du dépôt, c'est que, dans ces affaires, » l'enlèvement était praticable et surtout plus avanta- » geux aux deux parties en cause que toute autre combi- » naison. Mais le Conseil d'Etat n'a jamais posé de règle » absolue à cet égard. Il n'a rendu que des décisions » d'espèces, et la solution a varié suivant les circonstan- » ces particulières. »

470 — Il n'en reste pas moins certain que ce n'est qu'au mépris des principes élémentaires du droit commun et des règles posées par les législateurs, en matière de propriété que de pareilles affirmations peuvent se produire.

La première jurisprudence du Conseil était autrement juridique et équitable que le système actuel. Espérons qu'on y reviendra bientôt, rentrant ainsi dans le droit commun, le seul vrai, et ajoutons le seul supportable en ces matières.

471 — Les tribunaux administratifs ont, du reste, toute liberté dans la fixation des bases de l'indemnité.

C'est ainsi qu'un Conseil de préfecture a pu décider que l'indemnité pour privation de jouissance par suite d'occupation temporaire, ne doit comprendre que le revenu annuel dont le propriétaire a été privé pendant l'occupation de son terrain.

Arrêt du 17 mars 1876. — *Compagnie du Nord.*

« En ce qui touche l'indemnité pour privation de

» jouissance : — Considérant, d'une part, que le sieur de » Rincquesent n'est pas fondé à se plaindre de ce que, » dans la fixation de l'indemnité qui lui est due pour » privation de jouissance de son terrain, le Conseil de » préfecture a pris pour unique base de son évaluation le » revenu annuel dont le requérant a été privé, par suite » de l'occupation de son terrain. »

Ce sont là des questions de fait dont l'appréciation appartient essentiellement aux tribunaux administratifs.

472 — Il faut remarquer, en terminant, qu'en vertu de la jurisprudence du Conseil d'Etat, la compensation entre l'indemnité due et la plus-value résultant, pour le terrain occupé, des travaux exécutés, s'établit de plein droit pour les occupations temporaires, comme pour les fouilles et extractions.

C'est ainsi qu'il a été jugé que lorsqu'un terrain a été partiellement endommagé par une occupation temporaire et l'extraction de matériaux, il doit être tenu compte, dans l'évaluation de l'indemnité, de la plus-value résultant, pour le surplus, de l'exécution des travaux publics.

Arrêt du 17 septembre 1882. — *Benoist* (et Arrêt du 9 mai 1884, *Camusat* déjà cité).

» Considérant qu'il résulte de l'instruction que les travaux de construction du chemin de fer de Mésidon à » Dives ont apporté une plus-value à l'ensemble des propriétés situées à proximité dudit chemin, et notamment aux terrains dont les sieurs Camusat et Godeau » sont propriétaires; que le sieur Benoist n'est pas fondé » à soutenir qu'il ne doit pas être tenu compte de ladite » plus-value pour l'évaluation des parcelles par lui occupées de 1879 à 1880 et des dommages causés par ladite occupation ;

» Mais, considérant que les parcelles non occupées de » la propriété des sieurs Camusat et Godeau ont également profité de cette plus-value et qu'il doit en être

» tenu compte pour l'évaluation de l'indemnité, par ap-
» plication des dispositions combinées de l'article 55 de la
» loi du 16 septembre 1807 et de l'article 55 de la loi du
» 3 mai 1841. »

LIVRE III

TRIBUNAUX COMPÉTENTS EN MATIÈRE DE FOUILLES, EXTRACTIONS DE MATÉRIAUX & OCCUPATIONS TEMPORAIRES.

CHAPITRE PREMIER

Compétence des tribunaux administratifs

473 — La compétence est la limite de la juridiction.

Les Conseils de préfecture connaissent de tous les litiges et de toutes les questions relatifs aux fouilles et extractions de matériaux et aux occupations temporaires régulièrement autorisés, ainsi qu'aux dommages qui en résultent.

474 — Leur compétence est établie par l'article 4 de la loi du 28 pluviose, an VIII, déjà cité et ainsi conçu :

» Le Conseil de préfecture prononcera sur les deman-
» des et contestations concernant les indemnités dues aux
» particuliers à raison des terrains pris ou fouillés, pour
» la construction des chemins, canaux et autres ouvrages
» publics. »

475 — La jurisprudence est unanime pour décider qu'il leur appartient de connaître des questions qu'ils font naître, à l'exclusion :

Des tribunaux civils,

De simple police,

De police correctionnelle,

Des juges de paix,

Et de l'administration :

qu'il s'agisse d'extraction ou d'occupation faites soit par l'administration, soit par les concessionnaires, entrepreneurs et même sous-traitants de ces derniers, pour des travaux d'intérêt général, départementaux ou communaux, pourvu qu'ils constituent des travaux publics.

476 — Les mêmes règles et les mêmes principes de compétence sont communs aux extractions de matériaux et aux occupations de terrains.

477 — Les unes et les autres doivent être régulières, c'est-à dire reposer sur le devis ou un arrêté du préfet et l'accomplissement de toutes les formalités exigées par la législation plus haut indiquée.

478 — S'il en était autrement, il n'y aurait pas occupation légale, mais violation du droit de propriété ; la jurisprudence administrative cesserait d'être compétente, et c'est aux tribunaux ordinaires que le propriétaire devrait s'adresser pour obtenir réparation.

479 — Dès 1834, le Conseil d'Etat consacra ce principe dans un arrêt — *Oury*, en ces termes :

« Considérant que la loi du 28 pluviôse, an VIII, qui » attribue à l'autorité administrative la connaissance des » réclamations élevées contre les entrepreneurs de travaux publics à raison des terrains pris ou fouillés, *n'est » applicable que lorsque lesdits entrepreneurs se sont » renfermés dans les limites à eux tracées par le devis » des travaux ou par les arrêtés préfectoraux.* »

Et depuis, il l'a constamment maintenu, notamment

par l'arrêt du 31 décembre 1878, *Baroux* (déjà cité) ; « Considérant que..... l'obligation que ces arrê-
» tés imposent..... ne saurait suppléer *aux formalités*
» *prescrites*, en cas d'occupation temporaire des terrains,
» par le décret du 8 février 1868 et la loi du 21 mai
» 1836. »

480 — L'autorisation administrative, qui vient régulariser une occupation faite sans l'observation des formalités, ne peut avoir d'effet rétroactif et n'agit que pour l'avenir; si bien que pour le règlement des dommages antérieurs à la régularisation, c'est le tribunal civil qui est seul compétent. (Arrêt de la cour de Bordeaux du 30 juin 1850.)

481 — Du reste, dès que la question de savoir si l'occupation est irrégulière ou non est soulevée, la juridiction administrative devient seule compétente pour en apprécier la valeur, et l'autorité civile, saisie, doit surseoir jusqu'à ce que ce premier point soit tranché. (Arrêts du Conseil d'Etat des 4 avril 1837, *Devars;* 2 août 1838, *Laurent;* 22 avril 1842, *Tevena;* 9 décembre 1843, *Regnier* ; 7 décembre 1844, *Jouan et consorts* et *Mesnard de la Tacherie;* 4 juillet 1847, *Giroud;* 27 février 1849, *Delorme;* 15 mars 1849, *Bideault;* 8 mai 1861, *Leclerc de Pulligny;* 17 juillet 1861, *Compagnie du chemin de fer Paris-Lyon-Méditerranée;* 26 décembre 1862, *Brulé*.)

482 — Et c'est au Conseil de préfecture que doit être déféré l'arrêté d'occupation contesté et non au Conseil d'Etat.

Il s'agit, en effet, de l'appréciation d'actes administratifs, qui ne peut appartenir aux tribunaux ordinaires.

Arrêt du 25 avril 1890. — *Pingault.*

« Considérant qu'aux termes de l'article 4 de la loi du
» 28 pluviose, an VIII, les contestations relatives aux ter-
» rains pris ou fouillés par un entrepreneur pour l'exécu-

» tion d'un travail public, sont de la compétence du Con-
» seil de préfecture...;

« Considérant que l'arrêté attaqué, en date du 25 juil-
» let 1887, par lequel le préfet de la Vienne a autorisé
» la ville de Poitiers à occuper les parcelles de terrain
» appartenant aux sieurs Pingault, ne fait pas obstacle à
» ce que les requérants soutiennent, s'ils s'y croient fon-
» dés, devant le Conseil de préfecture, que la ville ne
» pouvait être autorisée à occuper leurs terrains ; que,
» dès lors, ils ne sont pas recevables à se pourvoir de-
» vant le Conseil d'Etat par la voie du recours pour
» excès de pouvoirs contre l'arrêté dont s'agit... (Rejet.)

483 — Peu importe que ce soit devant le tribunal civil ou le tribunal correctionnel que la question de régularité de l'occupation soit élevée.

Dans les deux cas, le Conseil seul est compétent pour apprécier la valeur des arrêtés et il y a lieu à surseoir jusqu'après sa décision.

Ainsi le Conseil d'Etat a décidé qu'il y avait lieu d'attendre la décision du tribunal administratif :

484 — Quant un agent-voyer, étant poursuivi correctionnellement pour contravention, par les protestataires qu'il emploie, au code forestier, il faut décider si les inculpés ont agi en vertu d'ordres administratifs. (Arrêt du 18 mai 1846, *Muller.*)

485 — Lorsque des agents de l'administration, poursuivis en police correctionnelle pour actes attentatoires à une propriété privée, affirment qu'ils ont agi en vertu d'ordres de l'administration. (Arrêts des 31 mars 1847, *Puech;* 29 janvier 1848, *Farnaux;* 11 décembre 1848, *Girard de Châteauvieux.*)

486 — Si un entrepreneur, assigné devant le tribunal correctionnel pour avoir fait passer un tombereau chargé sur des terres ensemencées, prétend que, comme le déclare l'administration, il n'a fait que suivre les dispositions du devis et des arrêtés préfectoraux. (Arrêts du 8 mai 1850, *Poulain et Leflon.*)

487 — Quand un entrepreneur, prévenu d'avoir contrevenu au Code forestier, affirme qu'il a obéi aux prescriptions du devis et aux ordres de l'administration (Arrêts des 24 juillet 1845, *Cayla* et *Salièze;* 31 août 1847, *Administration des forêts.*)

Arrêt du tribunal des conflits, 26 décembre 1874. — *Denize.*

» Considérant que l'arrêté du préfet du département « de la Manche, du 25 mars 1873, autorise l'occupation » de terrains, désignés à la fois par leur nom de carrière du » Rocher-Hamyon et par les nos parcellaires du plan ca- » dastral ; que cette double désignation se rencontre dans » le devis approuvé par le préfet, le 1er octobre 1872, et » dans le procès-verbal d'adjudication du 26 novembre » suivant, imposant à l'adjudicataire l'obligation d'ap- » provisionner la sixième section de la route nationale » n° 172 de matériaux provenant de la carrière du Rocher- » Hamyon ; qu'elle existait également dans les arrêtés » antérieurs remontant à 1867 et 1855, et, qu'en exécu- » tion de ces arrêtés, la carrière du Rocher-Hamyon, ou- » verte dans les parcelles portant les numéros 826 et 827 » du plan cadastral, avait été occupée sans protestation » des propriétaires ;

» Considérant que le procès-verbal de l'état des ter- » rains, dont l'occupation est autorisée par l'arrêté du 25 » mars 1873, a été dressé le 8 juin suivant par des ex- » perts, choisis par les propriétaires et l'entrepreneur; » que cette expertise a porté, d'un commun accord, sur » les parcelles numéros 826 et 827, dans lesquelles avait » été ouverte la carrière du Rocher-Hamyon ; qu'après » cette expertise, l'entrepreneur a pris possession de cette » carrière, et que c'est seulement le 30 mars 1874, que » les propriétaires, n'obtenant pas amiablement du sieur » Tardif l'indemnité à laquelle ils prétendaient avoir » droit, ont introduit devant le tribunal civil de Saint-Lô

» une instance en cessation des travaux et en 1,000 francs
» de dommages-intérêts, fondée sur ce que l'occupation des
» parcelles numéros 826 et 827 n'était pas autorisée par
» l'arrêté préfectoral du 25 mars 1873 ;

» Considérant que le préfet du département de la Manche a, le 10 avril 1874, pris un second arrêté par lequel, interprétant celui du 25 mars 1873, il a maintenu l'autorisation d'occuper la carrière du Rocher-Hamyon et rectifié les énonciations relatives aux numéros du plan cadastral ; — que, dans cet état des faits, soit l'interprétation de l'arrêté du 25 mars 1873, soit l'appréciation de la régularité de celui du 10 avril 1874, constituaient des questions préjudicielles qu'il n'appartenait pas à l'autorité de résoudre... (Arrêté de conflit confirmé. Jugement annulé.) »

488 — Mais, si l'occupation temporaire, quoique autorisée en un arrêté préfectoral, n'a eu lieu qu'en vertu d'un accord amiable entre le propriétaire et l'administration, le Conseil de préfecture devient incompétent (Arrêts des 4 juin 1823, *Milon;* 8 août 1827, *Mullon;* 28 août 1827, *Prévost;* 30 janvier 1828, *Best;* 29 juin 1847, *Dupont;* 10 mai 1861, *Chemin de fer d'Orléans;* 17 janvier 1868, *Burnet-Stears;* 26 février 1870, *Chemin de fer de Lyon;* 22 mai 1874, *Chemin de fer d'Orléans;* 10 mars 1876, *De Moracin;* 2 juin 1876, *Abougit;* 10 février 1877, *Faidides.*)

Arrêt du 18 janvier 1889. — *Magne.*

« Considérant que si, par un arrêté du 4 juillet 1881, le préfet de la Lozère avait autorisé l'administration des ponts et chaussées à occuper temporairement, pour les travaux de sondages nécessaires à la construction de la ligne du chemin de fer de Mende à la Bastide, une parcelle de terrain appartenant au sieur Magne, il résulte de l'instruction que cette occupation n'a eu lieu qu'en vertu d'un traité passé, le 16 février 1882, entre le sieur Magne et l'administration ;

» Considérant que le fait, par ledit sieur Magne d'avoir,

» même contrairement aux obligations qui lui seraient » imposées par ce traité, effectué des dépôts de déblais et » des extractions de matériaux, dans un terrain qui n'a » pas cessé de lui appartenir, et n'est pas, dès lors, une » dépendance du domaine public, ne saurait constituer » une contravention de grande voirie ; qu'ainsi, c'est à » tort que le sieur Magne a été poursuivi devant le Con- » seil de préfecture à raison des travaux effectués par » lui... (Arrêté annulé. Sieur Magne renvoyé des fins du » procès-verbal dressé contre lui.) »

489 — Il en est de même, lorsque l'occupation autorisée par un arrêté n'a lieu qu'après une convention amiable entre les intéressés (Arrêts des 20 novembre 1815, *Rémond* ; 3 janvier 1860, *Canterranne* ; 8 mai 1861, *Leclerc de Pulligny*).

« Considérant, porte l'arrêt de 1860, que, si par l'ar- » rêté susvisé..., le préfet avait autorisé la Compagnie... à » occuper temporairement... il résulte de l'instruction que » cette occupation a eu lieu en vertu d'un traité passé le » 2 décembre 1854, entre la Compagnie et le sieur Can- » terranne; que ce traité a tous les caractères d'une con- » vention particulière, librement consentie en dehors des » prévisions de l'autorité administrative... qu'il fixe les » conditions, prix... mode de paiement... que, dans ces cir- » constances, il n'appartient qu'à l'*autorité judiciaire* de » statuer sur les contestations existant entre les parties sur » le sens et la portée de ce traité. »

490 — L'incompétence du Conseil de préfecture persiste également, dans le cas où l'occupation, ou l'extraction, après avoir eu lieu en vertu d'un traité privé, est plus tard autorisée par arrêté préfectoral.

ARRÊT DU 10 MARS 1876. — *De Moracin.*

» Sur les conclusions du sieur De Moracin, tendant à » faire décider que le Conseil de préfecture était incom- » pétent, pour statuer sur les dommages-intérêts par lui » réclamés à raison du droit de passage accordé à l'entre- » preneur par la convention du 15 mai 1875, et de l'en-

» gagement pris par cet entrepreneur de remettre en bon » état l'allée sur laquelle s'est exercé ce passage : — » Considérant que, par l'arrêté préfectoral du 4 mars 1872, » susvisé, le sieur Placier a été autorisé à occuper une » parcelle de bois appartenant au requérant, pour l'exé- » cution des travaux de construction et d'entretien du » chemin vicinal n° 2 de la commune de Beaumont-la- » Ronce ; qu'il résulte de l'instruction que, postérieure- » ment à cette autorisation, il est intervenu entre le » requérant et le sieur Placier une convention qui » avait pour objet, moyennant certaines conditions, le » droit de passer par une allée du bois qui n'était pas » comprise dans l'arrêté précité ; que, dans ces circons- » tances, il n'appartient qu'à l'autorité judiciaire de sta- » tuer sur les contestations existant sur le sens et la » portée de cette convention ; que, dès lors, le Conseil de » préfecture était incompétent pour connaître de cette » partie de la demande ; »

491 Les tribunaux ordinaires sont également compétents pour les litiges relatifs aux dommages ou aux troubles causés à l'entrepreneur dans son exploitation, autorisée par les propriétaires ou fermiers. (Arrêts des 30 mai 1844, *Ruet* ; 10 décembre 1846, *Bodin* ; 31 août 1861, *Nourric.*)

492 — Il en est de même des difficultés relatives au partage de l'indemnité entre les divers intéressés. L'autorité judiciaire peut seule fixer les droits de chacun. (Arrêt du 6 janvier 1853, *Balleton.*)

493 — C'est aussi l'autorité judiciaire qui peut connaître des litiges sur les dommages résultant de l'exploitation faite par l'entrepreneur au-delà de ses besoins. (Arrêts du 11 août 1849, *Quesnel* ; 23 mars 1870, *Baussan.*)

494 — Il en serait de même en cas d'occupation temporaire.

En effet, comme le faisait observer le ministre des travaux publics : « Tant que l'entrepreneur s'est renfermé » dans les termes et les limites de son devis, *il a droit* à » n'être jugé que par le Conseil de préfecture. Mais, du » moment où il a extrait des pierres au-delà des exigen- » ces de son marché, et où il les a vendues à son profit, » *il n'a plus fait acte d'entrepreneur* ; il s'est dépouillé » volontairement de cette qualité, dans laquelle seule- » ment, la juridiction du Conseil de préfecture lui était » acquise. »

495 — Enfin, l'autorité judiciaire est aussi compétente en matière de dommges causés, non par l'exploitation ou l'occupation normales, mais par un fait non autorisé de l'entrepreneur. (Arrêts du 2 juillet 1851, *Veuve Anny* ; 29 juillet 1851, *Serre*.)

496 — Il ne s'agit, en effet, ni de dommages résultant de l'occupation autorisée, dont la connaissance appartient au Conseil de préfecture, ni de discussion d'un acte administratif.

497 — Dès que la question de validité de l'occupation est tranchée, la compétence est établie.

Si le Conseil la déclare régulière, il doit également connaître des difficultés ultérieures relatives aux dommages.

Si, au contraire, il reconnaît qu'elle est irrégulière, c'est le tribunal de droit commun qui devient compétent pour le règlement des dommages.

498 — « Quant aux réclamations, — dit *M. Aucoc*, » T. 2, n° 782 — qui tendent à obtenir une indemnité, le » Conseil de préfecture est encore compétent pour en » connaître, mais à deux conditions : en premier lieu, il » faut que l'entrepreneur ait été autorisé régulièrement » par le préfet ou par son devis, et qu'il ne soit pas sorti » des limites de son autorisation ; en second lieu, il faut » qu'il n'ait pas été fait entre le propriétaire et l'entre- » preneur une convention amiable. »

« N° 783. — S'il n'y a pas eu de désignation, si la » désignation était irrégulière, attendu que le terrain se » trouvait dans un des cas d'exemption de la servitude, » ou si l'entrepreneur est sorti des limites fixées par » l'arrêté de désignation, les extractions non autorisées » constituent des voies de fait. Le propriétaire peut poursuivre l'entrepreneur devant le tribunal de police correctionnelle, et, en tout cas, il peut demander des dommages-intérêts dvant le tribunal civil. »

499 — C'est également la jurisprudence formelle du Conseil d'Etat.

Arrêt du 11 février 1876. — *Chemin de fer du Nord.*

« Considérant que l'arrêté préfectoral du 8 décembre » 1871, qui a autorisé la Compagnie du chemin de fer » du Nord à occuper une parcelle appartenant au sieur » Noël, n'a pas été pris dans un des cas prévus par l'arrêt du Conseil du 7 septembre 1855, par la loi du 28 » pluv. an VIII et par celle du 28 sept. 1817; que dans les » circonstances de la cause, c'est avec raison que, par l'arrêté attaqué, le Conseil de préfecture a décidé que » l'*occupation de la parcelle de terrain du sieur Noël n'a* » *pas été régulièrement autorisée* et qu'il a renvoyé ledit sieur Noël à faire valoir *devant l'autorité judiciaire* » les droits qu'il peut avoir à une indemnité à raison de » la prise de possession de son terrain. »

500 — Cependant, le 5 mai 1877 et le 5 août 1881, (*Compagnie des Chemins de fer du Midi*), le même Conseil d'Etat adoptant l'avis exprimé par M. le commissaire du gouvernement Lafferière, qu'il avait repoussé le 6 juillet 1877 (arrêt *Dain et Ledoux*), déclare que l'extraction ou l'occupation faite en vertu d'un arrêté irrégulier, est régulière parce qu'un acte administratif a autorité tant qu'il existe et s'exécute, et maintient la compétence du Conseil de préfecture pour la fixation de l'indemnité.

« Considérant, dit l'arrêté de 1881, qu'il y a lieu d'an-

» nuler l'arrêté du Conseil de préfecture et de renvoyer » les parties devant ledit Conseil pour être statué, après » expertise, sur l'indemnité à laquelle la Compagnie » pourra avoir droit pour le passé, à raison de l'occupa- » tion de sa chaussée par les sieurs *Ambard et Vola.* »

501 — Evidemment, ces décisions, qui ne tendraient à rien moins qu'à renvoyer devant la juridiction civile, seulement les occupations irrégulières constituant des *voies de fait* ne sauraient former jurisprudence. Il faut les considérer comme des arrêts d'espèce laissant intactes les règles essentielles des compétences légales, et ne pouvant modifier aussi profondément qu'ils semblent le faire, le grand principe de la séparation des pouvoirs.

502 — Les deux principes dominant en cette matière sont les suivants :

Toutes les fois que l'extraction ou l'occupation est régulière, c'est-à-dire autorisée, — toutes les formalités légales ayant été remplies et sanctionnées dans les limites qui lui ont été tracées, — c'est le Conseil de préfecture qui est compétent.

Dans tous les autres cas, c'est à l'autorité judiciaire qu'il appartient de juger les difficultés soulevées.

C'est ce que confirment les décisions ci-après :

503 — Les travaux d'agrandissement d'une gare présentant le caractère de travaux publics le préfet, en autorisant l'occupation temporaire de terrains pour en faciliter l'exécution et le ministre en maintenant son arrêté, n'excèdent pas la limite de leurs pouvoirs.

ARRÊT DU 17 JUILLET 1874. — *Monnier.*

« Considérant qu'il résulte de l'instructtion que » la Compagnie des chemins de fer de Paris à Lyon » et à la Méditerranée n'a demandé et obtenu l'au- » torisation d'occuper temporairement le terrain du sieur » Monnier que dans le but de faciliter les travaux de re-

» maniement des voies et installations de la gare de Nî-
» mes, en transportant sur ce terrain tout le matériel qui
» encombrait ladite gare ; que les travaux à effectuer à
» la gare de Nîmes, régulièrement autorisés, présentent
» le caractère de travaux publics ; qu'ainsi, c'est pour
» l'exécution d'un travail public, cas prévu par l'article
» 1er du décret ci-dessus visé du 8 février 1868, que l'oc-
» cupation du terrain du sieur Monnier a été autorisée et
» que le préfet du Gard, en autorisant cette occupation,
» et le ministre en maintenant l'arrêté du préfet, n'ont
» pas excédé leurs pouvoirs ; »

504 — Un préfet ne peut autoriser une compagnie de chemins de fer à occuper temporairement une propriété privée pour établir une voie de raccordement provisoire en vue des besoins de son exploitation ; en conséquence, c'est l'autorité judiciaire qui est compétente pour apprécier les droits à indemnité du propriétaire.

ARRÊT DU 11 FÉVRIER 1876. — *Compagnie des chemins de fer du Nord.*

« Considérant qu'il résulte de la demande même adres-
» sée par la Compagnie au préfet et des rapports qui y sont
» joints, que l'établissement de cette voie provisoire était
» proposé par ladite Compagnie en vue des besoins de
» son exploitation commerciale, et pour suppléer à l'in-
» suffisance de sa ligne principale, en attendant qu'un
» projet de raccordement direct entre cette ligne, la gare
» aux charbons de l'usine à gaz et le chemin de fer de
» Ceinture, alors en cours d'instruction, pût être exécuté ;
» qu'il suit de là que l'arrêté préfectoral du 8 décembre
» 1871 n'a pas été pris dans un des cas prévus par l'ar-
» rêt du Conseil du 7 septembre 1755, par la loi du 27
» pluviôse, an VIII, et par celle du 16 septembre 1807...
» et que, dans ces circonstances, c'est avec raison que,
» par l'arrêté attaqué, le Conseil de préfecture a décidé
» que l'occupation de la parcelle de terrain appartenant
» au sieur Noël n'avait pas été régulièrement autorisée,
» et qu'il a renvoyé ledit sieur Noël à faire valoir devant

l'autorité judiciaire les droits qu'il peut avoir à une indemnité, à raison de la prise de possession de son terrain... »

505 — Le Conseil de préfecture est incompétent pour statuer sur l'indemnité due à un propriétaire à raison d'une occupation faite par une compagnie de chemins de fer, en vue d'une prise de possession définitive.

Arrêt du 14 juillet 1876. — *Compagnie des chemins de fer de Paris-Lyon-Méditerranée* contre *Espitalier.*

« Considérant qu'il n'est pas contesté, et que, d'ailleurs il résulte du procès-verbal ci-dessus visé des opérations du jury d'expropriation, siégeant à Montpellier, que l'expropriation des parcelles de terrain appartenant au sieur Espitalier et occupées par la Compagnie des chemins de fer de Paris-Lyon-Méditerranée, a été prononcée à la requête de ladite Compagnie, et que l'indemnité a été réglée suivant les formes de la loi du 3 mai 1841 ; qu'il suit de là que l'occupation par la Compagnie des terrains du sieur Espitalier avait eu lieu en vue d'une prise de possession définitive ; et qu'ainsi, c'est avec raison que le Conseil de préfecture de l'Hérault s'est déclaré incompétent pour statuer sur les dommages qui seraient résultés de l'occupation pour le sieur Espitalier... »

506 — Doit être déclaré non recevable le recours pour excès de pouvoirs, formé contre une décision ministérielle refusant d'annuler les arrêtés préfectoraux autorisant l'occupation et l'extraction de matériaux pour la confection de chemins vicinaux ; mais le Conseil de préfecture est compétent pour connaître de l'opposition formée contre ses arrêtés.

Arrêt du 15 décembre 1876. — *Baroux.*

« Considérant qu'en vertu des lois ci-dessus visées du 28 pluviôse, an VIII, et du 21 mai 1836, les contestations auxquelles peuvent donner lieu les extractions de

» matériaux, les dépôts ou enlèvements de terre et les
» occupations temporaires de terrains, en vue de la con-
» fection ou pour l'entretien de chemins vicinaux, sont
» de la compétence des Conseils de préfecture, et que la
» décision du ministre de l'intérieur, portant refus d'an-
» nuler les arrêtés préfectoraux, par lesquels l'entre-
» preneur des travaux d'entretien du chemin de grande
» communication n° 44 a été autorisé à pénétrer sur les
» propriétés composant le territoire de treize communes,
» et notamment sur la propriété du requérant, pour y
» ramasser les cailloux nécessaires à l'entretien dudit
» chemin, ne fait pas obstacle à ce que le sieur Baroux
» soutienne, s'il s'y croit fondé, devant le Conseil de
» préfecture de la Somme, que cet entrepreneur n'a pas
» été légalement autorisé à procéder dans sa propriété
» au ramassage des cailloux. »

507 — Le Conseil de préfecture n'est pas compétent pour fixer l'indemnité due au propriétaire lorsque l'arrêté d'autorisation a été annulé ultérieurement par le Conseil d'Etat.

ARRÊT DU 6 JUILLET 1877. — *Dame et héritiers Ledoux.*

« Considérant qu'il a été jugé par le décret du Conseil
» d'Etat du 8 août 1872, ci-dessus visé, que la Compagnie
» du chemin de fer d'Orléans à Châlons n'avait pu être
» valablement autorisée à extraire des matériaux dans la
» propriété de la dame et des héritiers Ledoux, à laquelle
» s'appliquait l'exemption prononcée par les arrêts du
» Conseil du 7 septembre 1755 et du 20 mars 1780 ; que
» dès lors, les extractions de matériaux opérées par ladite
» Compagnie ne rentrent pas dans les dommages dont il
» appartient au Conseil de préfecture de connaître, en
» vertu de l'article 4 de la loi du 28 pluviose, an VIII ; »

508 — Le règlement de l'indemnité pour l'extraction de matériaux, dans la partie excédant la contenance autorisée par l'arrêté d'occupation, appartient à l'autorité judiciaire.

Arrêt du 17 novembre 1882. — *De Carbon-Ferrières* (déjà cité).

« Considérant que... il n'est pas contesté que le sieur Audbert a occupé 150 ares de terrain, tandis que l'arrêté préfectoral du 24 février 1875 n'avait autorisé cet entrepreneur qu'à occuper une contenance de 87 ares 50 centiares ; que, dès lors, il n'appartenait qu'à l'autorité judiciaire de statuer sur le règlement de cette occupation irrégulière portant sur 62 ares 50 centiares. »

509 — Lorsqu'un entrepreneur de travaux publics, autorisé par le préfet à occuper un terrain pour y extraire de l'argile destinée à la fabrication de briques nécessaires à l'exécution de son entreprise, fait un autre emploi ou vend à des particuliers des briques de qualité inférieure, qui ont été rebutées par l'administration à raison de leur imperfections il dépasse les limites de son autorisation et, par suite, le Conseil de préfecture ne cesse pas d'être compétent pour statuer sur la demande en indemnité formée par le propriétaire à raison de l'extraction de l'argile ayant servi à la fabrication de ces briques.

Arrêt du 20 février 1880. — *Héritiers Hallaure* contre *Deslandes*.

« Considérant que, par un arrêté du préfet de la Seine-Inférieure du 25 octobre 1873, le sieur Deslandes, adjudicataire de travaux d'agrandissement de l'avant-port du Havre, a été autorisé à occuper temporairement pour en extraire des terres argileuses propres à la fabrication de la brique, une parcelle de terrain appartenant aux héritiers Hallaure ;

» Considérant que ces derniers soutiennent que l'entrepreneur a employé les déchets de sa fabrication à combler des excavations sur un terrain à lui appartenant ou à entretenir des chemins et à vendre, sans leur autorisation, à des particuliers, une certaine quantité de briques, confectionnées avec l'argile extraite de leur terrain et qui ne devaient servir qu'à l'exécution du travail public en vue duquel l'occupation dudit terrain

» avait été autorisée ; que, par suite, ils réclament la res-
» titution des déchets, le paiement de la valeur des bri-
» ques vendues à des particuliers sans autorisation, sous
» déduction des frais de fabrication, et en outre, 1,000 fr.
» à titre d'indemnité ;

» Mais considérant, d'une part, que si le sieur Des-
» landes a dû confectionner une quantité de briques supé-
» rieure à celle qui été employée au travail public, et en
» conséquence extraire une quantité correspondante d'ar-
» gile, il résulte de l'instruction qu'il y était obligé par
» les conditions mêmes de la fabrication, qui comportait
» nécessairement un certain nombre de produits de qua-
« lité secondaire, pour obtenir des briques de la qualité
» réclamée par l'administration. »

510 — Lorsque l'arrêté préfectoral autorisant l'occupation n'a pas été régulièrement notifié au propriétaire ou à ses représentants, conformément aux prescriptions de l'article 2 du décret du 8 février 1868, l'entrepreneur ne peut se prévaloir de la qualité d'entrepreneur de travaux publics. — La juridiction judiciaire est seule compétente pour statuer sur le dommage.

Arrêt du 9 mai 1884. — *Fournier* contre *Favril.*

« Considérant qu'il résulte de l'instruction que le sieur
» Favril a occupé le terrain appartenant au sieur Four-
» nier, sans que les formalités prescrites en pareil cas
» aient été remplies ; que, notamment, il n'est pas justi-
» fié que l'arrêté préfectoral autorisant le sieur Favril à
» occuper le terrain du requérant ait été préalablement à
» l'occupation notifié au sieur Fournier par le maire de
» la commune de Mairieux ; que, dans ces circonstances,
» le sieur Favril ne pouvait se prévaloir vis-à-vis du
» sieur Fournier de sa qualité d'entrepreneur de travaux
» publics et que, dès lors c'est à tort que le Conseil de
» préfecture s'est déclaré compétent pour connaître du
» règlement de l'indemnité afférente à cette occupa-
» tion... »

511 — Lorsqu'aux termes du cahier des charges

annexé à un décret de concession, un concessionnaire (de chemin de fer) est tenu de supporter les indemnités pour occupation temporaire, ce concessionnaire ne peut pas décliner la responsabilité des dommages que causent à des particuliers les occupations de terrains occupées par ses sous-traitants et soutenir qu'elle doit rester à la charge de ceux-ci. — Les conventions de la Compagnie avec des tiers pour l'exécution de ces travaux, ne peuvent être appréciées par le Conseil de préfecture.

Arrêt du 8 aout 1884. — *Frausa et Bonnet* contre *Compagnie Paris-Lyon-Méditerranée.*

« Considérant que l'article 21 du cahier des charges, » annexé au décret de concession du 1er décembre 1868, » dispose que les indemnités pour occupation temporaire » et pour détérioration de terrains seront supportées et » payées par la Compagnie des chemins de fer de Paris à » Lyon et à la Méditerranée ; que, si ladite Compagnie » soutient que des conventions particulières, conclues » avec les entrepreneurs mettaient le paiement de ces in- » demnités à leur charge, il n'appartenait pas au Con- » seil de préfecture d'apprécier lesdites conventions. »

512 — Lorsque l'occupation d'une propriété a été autorisée en vue d'extraire du ballast pour la construction et l'entretien de deux lignes de chemin de fer, cette occupation cesse d'être régulière lorsque ces lignes sont terminées, et que, d'autre part, le terrain ne peut plus fournir les matériaux prévus. — En conséquence, le propriétaire est fondé à soutenir que, dès ce moment, l'occupation autorisée est terminée et à demander le règlement définitif de l'indemnité qui lui est due.

En conséquence, le Conseil de préfecture est incompétent pour statuer sur les dommages résultant de cette occupation, postérieurement au jour où elle a cessé d'être régulière.

Arrêt du 18 février 1887. — *Compagnie des chemins de fer du Midi* contre *Latour-Dejean.*

« Considérant que l'occupation des parcelles désignées » par lesdits arrêtés avait été autorisée en vue de l'ex- » traction de ballast pour les travaux de construction et » d'entretien des lignes de chemin de fer de Castelnau- » dary à Castres et de Castres à Mazamet ; qu'il résulte » de l'instruction, d'une part, qu'au mois de janvier 1880 » la construction de ces lignes était depuis longtemps » achevée, et, d'autre part, qu'à ce moment, lesdites par- » celles ne pouvaient plus fournir de ballast en vue des » travaux d'entretien ; que, dans ces circonstances, le » sieur Latour-Dejean était fondé à soutenir que l'occu- » pation autorisée par les arrêtés ci-dessus rappelés de » 1865 et 1866 était terminée et à demander le règle- » ment de l'indemnité qui lui était due à raison des fouil- » les pratiquées dans 22 ares 29 centiares de terrain, par » application de ces arrêtés ;

» Mais, considérant que l'occupation, depuis le mois de » janvier 1880, des parcelles précédemment désignées » par lesdits arrêtés n'a pas été autorisée par l'adminis- » tration ; que, dès lors, il n'appartenait pas au Conseil » de préfecture de statuer sur la réparation des dom- » mages qui pourraient résulter de ladite occupation. »

513 — Le Conseil de préfecture est compétent pour connaître d'une indemnité pour occupation temporaire non autorisée ou ayant lieu en vertu d'une convention passée entre l'entrepreneur et les communes intéressées ;

Arrêt du 6 décembre 1889. — *Girard.*

« Considérant qu'il résulte de l'instruction que le sieur » Girard a commencé à occuper des terrains apparte- » nant à la commune de Champagnole et, soumis au ré- » gime forestier sans être muni d'aucune autorisation ; » qu'il s'est adressé ensuite à la commune et à l'admi- » nistration des forêts et, qu'après une instruction faite » conformément à l'article 169 de l'ordonnance du 1er » août 1827 et un arrêté du préfet fixant la redevance » due à la commune de Champagnole, une convention est

» intervenue entre l'entrepreneur et le maire de ladite » commune dûment autorisé ; *que, dans ces circonstances,* » *il n'appartient pas au Conseil de préfecture de connaî-* » *tre de la réclamation du sieur Girard*, tendant à un » nouveau règlement de l'indemnité d'occupation ; qu'en » effet, ce Conseil n'était compétent ni pour statuer sur » les conditions relatives à la période où l'occupation » avait été irrégulière, ni sur les contestations auxquelles » la convention précitée pouvait donner lieu ... » (Arrêté annulé).

514 — La compétence du Conseil de préfecture est limitée à la connaissance des demandes d'indemnité pour occupation régulière d'un terrain et ne peut s'étendre à la même demande pour occupation, non autorisée opérée par le même entrepreneur.

Arrêt du 6 février 1891. — *Guillaumin* contre *Lhuillery*.

« Considérant que, pour demander l'annulation de » l'arrêté attaqué, le sieur Guillaumin soutient que le » Conseil de préfecture s'est déclaré à tort compétent » pour régler les indemnités relatives : 1° à des occupa- » tione temporaires de parcelles qui n'auraient pas été » autorisées par un arrêté du préfet ; 2° à des occupa- » tions de terrains qui n'auraient pas eu un caractère » temporaire ;

» Sur le premier point : — Considérant que le sieur » Lhuillery ayant saisi le Conseil de préfecture de con- » clusions tendant à faire règler les indemnités qui pou- » vaient être dues au sieur Guillaumin pour l'occupation » temporaire des diverses parcelles de terre que cet en- » trepreneur a été autorisé, par le préfet, à occuper, ledit » Conseil a alloué au sieur Guillaumin, conformément » aux conclusions du rapport des experts, des indemnités » qui sont toutes relatives à l'occupation de parcelles » expressément désignées dans les arrêtés préfectoraux » d'autorisation des 4 et 22 juillet 1885, 19 janvier et » 5 mai 1886 ; qu'ainsi, la contestation portée devant le

» Conseil de préfecture, et la décision de ce Conseil n'ont » trait qu'à des occupations de terrains autorisées par le » préfet;

» Considérant, d'ailleurs, que cette décision ne fait pas » obstacle à ce que le sieur Guillaumin, s'il s'y croit » fondé, réclame devant la juridiction compétente le rê- » glement des indemnités afférentes aux parcelles qu'il » prétend avoir été occupées sans autorisation régu- » lière ;

» Sur le second point : — Considérant qu'il résulte de » l'instruction, et qu'il est, d'ailleurs, expressément re- » connu par l'administration que les rampes d'accès ne » constituent pas une dépendance de la route, mais qu'el- » les ont été établies sur des terrains appartenant au » sieur Guillaumin, exclusivement pour le service de ses » propriétés, et que celui-ci demeure libre ds les suppri- » mer ; que le requérant garde également la libre dispo- » sition des terrains dans lesquels ont été pratiquées, en » amont et en aval du pont de décharge, des extractions » de matériaux destinés aux remblais du chemin, l'abais- » sement du niveau du sol sur les points où ces fouilles » ont été pratiquées, n'étant pas nécessaires pour assurer » l'écoulement des eaux ; qu'ainsi le sieur Guillaumin n'a » pas été dépossédé d'une manière définitive desdites » parcelles et que le Conseil de préfecture était compé- » tent pour statuer sur l'indemnité qui lui était due, tant » pour privation de jouissance pendant l'occupation que » pour le préjudice qu'il a subi à raison de la modification » de l'état ancien des lieux qui a été la conséquence des » travaux exécutés ;

» Mais, considérant qu'il résulte de l'instruction que » les travaux exécutés en amont et en aval du pont » principal ont eu pour effet d'élargir le lit de la ri- » vière le Loir, — que cet élargissement est définitif et » a eu pour objet, en assurant le libre écoulement des » eaux en temps de crue, de protéger le chemin public et » les propriétés riveraines ; que le sieur Guillaumin ne

» saurait être autorisé à rétablir les lieux dans leur éta
» primitif ;

» Considérant que, dans ces circonstances, les terrains
» sur lesquels ont été pratiqués les travaux dont il s'agit
» ne peuvent pas être considérés comme occupés tempo-
» rairement pour l'exécution de travaux publics, mais
» que le sieur Guillaumin en a été définitivement dépos-
» sédé ; que, dès lors, il n'appartient qu'à l'autorité judi-
» ciaire de statuer sur l'indemnité à laquelle Guillaumin
» a droit; qu'il y a donc lieu de réformer l'arrêté attaqué
» en tant qu'il a accordé au sieur Guillaumin une indem-
» nité de 648 francs à raison de l'occupation desdites
» parcelles... »

515 — Le Conseil de préfecture est incompétent pour statuer sur une demande en dommages-intérêts, formée contre une commune par le concessionnaire d'un terrain dans le cimetière communal, à raison de l'abattage ordonné par la municipalité, d'arbres plantés sur ledit terrain concédé à perpétuité. — L'autorité judiciaire est seule compétente.

ARRÊT DU 10 JANVIER 1890. — *Rodet.*

« Considérant que le sieur Rodet se plaint de ce que
» la commune de Saulce ait, en vue de l'aménagement
» du cimetière communal, fait abattre deux cyprès plan-
» tés sur le terrain qui lui avait été concédé à perpé-
» tuité ; que, si le requérant se croit fondé à prétendre
» que, par cet abattage, il a été porté atteinte aux droits
» qu'il tiendrait de cette concession, c'était devant l'au-
» torité judiciaire qu'il aurait dû porter sa demande d'in-
» demnité ; qu'ainsi, c'est avec raison que le Conseil de
» préfecture s'est déclaré incompétent... »

516 — La juridiction administrative est incompétente pour connaître de la demande en paiement du loyer fondée sur un bail, mais elle est compétente pour règler le dommage causé à la maison par l'accumulation des déblais provenant de l'exploitation de la carrière, bien que cette maison soit en dehors du périmètre sur lequel l'exploitation a été autorisée.

Arrêt du 13 mars 1891. — *Crillon.*

« *En ce qui concerne le paiement du loyer fixé pour la » location de la maison dite du Parisien et le dommage » causé à ladite maison par l'accumulation des déblais ;*

» Considérant que les loyers réclamés sont dûs en » vertu d'un contrat de droit civil intervenu entre les » parties et que la juridiction administrative est incom- » pétente pour connaître des contestations auxquelles » donne lieu l'exécution de ce contrat ; mais qu'il y a » lieu, bien que cette maison n'ait pas été comprise dans » les parcelles dont l'occupation a été autorisée d'allouer » au sieur Fressinet une indemnité pour les dommages » qu'elle a soufferts, dommages qui étaient une consé- » quence nécessaire de l'exploitation de la carrière, et » qu'il sera fait une juste évaluation de l'indemnité à » laquelle le sieur Fressinet a droit en lui accordant de » ce chef, conformément à l'estimation du tiers-expert, » une somme de 300 francs. »

RÉSUMÉ

517 — En résumé, la compétence des tribunaux administratifs pour les litiges relatifs aux fouilles, extractions de matériaux et occupations temporaires est fixé en ces termes par la loi du 28 pluviôse, an VIII, article IV, § 4,

Toutes les fois qu'il s'agit de difficultés relatives aux fouilles, extractions et occupations temporaires faites régulièrement pour des entreprises de travaux publics représentant un caractère d'utilité générale, départementale ou communale et au règlement des indemnités pour les dommages qui en sont résultés, le Conseil de préfecture est compétent.

Peu importe que les extractions et occupations aient été opérées directement par l'administration ou par ses concessionnaires, entrepreneurs, ou même par les sous-traitants de ceux-ci, comme leurs ayants-droit ou agents.

C'est là la compétence normale.

Mais cette compétence est renfermée dans des limites étroites et absolues.

Pour que la juridiction administrative soit compétente, il faut que:

I. Les terrains fouillés ou occupés soient désignés régulièrement par le devis ou un arrêté préfectoral et que les formalités édictées par le décret du 8 juin 1868 aient été remplies.

II. Les terrains ne soient pas exemptés de la servitude d'extraction et d'occupation.

III. Les fouilles et extractions soient circonscrites aux terrains désignés.

IV. Les matériaux extraits soient employés aux travaux pour lesquels les carrières ont été occupées.

V. Le dommage soit la conséquence de l'exploitation autorisée et non de tout autre travail.

Toutes les fois que ces conditions sont remplies, le Conseil de préfecture est compétent en premier ressort. Et sa compétence qui, d'après la lettre de l'article IV se bornerait au règlement de l'indemnité à fixer pour les dommages causés, s'étend à l'appréciation des arrêtés d'occupation.

Dans les cas contraires, ce sont les tribunaux ordinaires qui doivent connaître des difficultés soulevées.

FIN

TABLE DES MATIÈRES

TABLE DES MATIÈRES

LIVRE I

Des extractions de matériaux pour les travaux publics.

CHAPITRE PREMIER

N° PAGES

CHAPITRE II

Définition et caractère du droit d'extraction. Sa différence avec l'expropriation

CHAPITRE III

Par qui peut être exercé le droit d'extraction. Pour quels travaux, dans quel cas, sur quels terrains et dans quelles conditions peut-il l'être? Son étendue.

§ Ier

Par qui peut être exercé le droit d'extraction

§ III

Etendue du droit d'extraction

CHAPITRE IV

Formalités à remplir préalablement à l'exercice du droit d'extraction. — Chemins vicinaux et ruraux. — Grande voirie et travaux publics.

§ Ier

Formalités relatives aux extractions destinées aux chemins vicinaux.

§ II

Formalités relatives aux extractions de matériaux pour la grande voirie et les travaux publics

§ III

Formalités essentielles dont l'inobservation entraîne l'irrégularité de l'extraction

CHAPITRE V

Règles à observer pendant les extractions de matériaux

N°s PAGES

CHAPITRE VI

Règlement des dommages après les extractions de matériaux

§ Ier

Comment sont payées les indemnités

§ II

Comment sont fixées les indemnités

I. RÈGLEMENT AMIABLE

§ IV

Mode de fixation de la valeur des matériaux extraits

N°s | PAGES

§ V

Compensation de l'indemnité due avec la plus-value acquise des terrains

LIVRE II

Des occupations temporaires

CHAPITRE Ier

Législation

N°s PAGES

CHAPITRE II

Définition — Caractère de l'occupation temporaire — Ce qui la distingue de l'expropriation

I

II

III

CHAPITRE III

Par qui, dans quels cas et dans quelles conditions peut être exercé la servitude d'occupation temporaire

CHAPITRE IV

Formaliés auxquelles donne lieu l'ocupation temporaire

CHAPITRE V

Règles à observer pendant les occupations temporaires

CHAPITRE VI

Mode de fixation de l'indemnité due pour occupation temporaire

LIVRE III

Tribunaux compétents en matières de fouilles, extraction de matériaux et occupations temporaires

CHAPITRE PREMIER

Compétence des tribunaux administratifs

RÉSUMÉ

FIN DE LA TABLE

Imp. Chérest, 92, Rue Lafayette

CHEZ LES MÊMES ÉDITEURS

TRAVAUX PUBLICS (DES EXPERTISES EN MATIÈRE DE) par Alfred DOUSSAUD, avocat. 1 vol. in-8. 1880. 4 fr. 50

DOUSSAUD. DES IMPRÉVISIONS, dans les entreprises de travaux publics, 1 vol. in-8. 1887. 10 fr.

DOUSSAUD. COMMENTAIRE DE LA LOI DU 22 JUILLET 1889, sur la procédure à suivre devant les Conseils de préfecture, 1 fort vol. in-8. 1891. 12 fr.

DOUSSAUD. UNE LOI A REFAIRE ou critique de la loi du 24 juillet 1867, sur les Sociétés, suivie d'un appendice, contenant la législation depuis 1809 jusqu'en 1880, 1 vol. in-8. 1880. 5 fr.

TRAVAUX PUBLICS (TRAITÉ THÉORIQUE ET PRATIQUE DES). — Marchés, travaux en régie, concessions de chemins de fer, canaux, ponts, marais, dommages, extractions de matériaux, occupation temporaire, associations syndicales, travaux de défense, curage, irrigation, chemins ruraux, plus-values ou bénéfices indirects ; par E. PERRIQUET, Avocat au Conseil d'Etat et à la Cour de cassation, 2 vol. in-8. 1883. 16 fr.

ENTREPRENEURS (COMMENTAIRE des clauses et conditions générales imposées aux) des travaux des ponts et chaussées ; cahiers des 6 novembre 1886 et 16 février 1892. 12me édition, suivie de la loi du 2 juillet 1889 sur la procédure devant les Conseils de préfecture, par Ch. BARRY, Docteur en droit, Avocat au Conseil d'Etat et à la Cour de cassation. 1 vol. in-18. 1892. 6 fr.

L'EXPROPRIATION POUR CAUSE D'UTILITÉ PUBLIQUE. Manuel pratique des expropriés et des jurés, par E. BOGELOT et J. PERIN, Avocats à la Cour d'appel de Paris ; 2e édition revue et mise courant de la jurisprudence. 1 vol. in-18. 1888. 1 fr. 50

MANUFACTURES & ATELIERS (TRAITÉ THÉORIQUE ET PRATIQUE DES) dangereux, insalubres et incommodes (Etablissements classés). Obligations et responsabilité de l'industriel à l'égard des voisins, par M. HENRI PORÉE, Avocat à la Cour de Paris ; et CH. LIVACHE, Inspecteur des Établissements classés. 1 vol. in-8. 1887. 10 fr.

CHEMINS DE FER (DICTIONNAIRE LÉGISLATIF ET RÉGLEMENTAIRE DES), résumé des documents officiels en vigueur et des principaux renseignements pratiques sur l'établissement, l'entretien, la police et l'exploitation des voies ferrées. — Personnel, exploitation technique, matériel, voie, service commercial ; par J.-G. PALAA, Conducteur principal des Ponts et Chaussées en retraite. Chevalier de la Légion d'honneur 3me édition, entièrement remaniée et comprenant un grand nombre de nouvelles indications et notamment les conventions de 1883. 2 forts vol. gr. in-8 de près de 900 pages chacun. 1887. 35 fr.

Paris. Imp. Chérest, 92, rue Lafayette

www.ingramcontent.com/pod-product-compliance
Ingram Content Group UK Ltd.
Pitfield, Milton Keynes, MK11 3LW, UK
UKHW051019210726
13857UKWH00006B/599